Maisons écologiques d'aujourd'hui

Le catalogue des éditions **terre vivante** est disponible sur simple demande auprès de l'éditeur: terre vivante, domaine de Raud, 38710 Mens. Tél. 04 76 34 80 80.

Jean-Pierre Oliva
Antoine Bosse-Platière
Claude Aubert

Maisons écologiques d'aujourd'hui

terre vivante
L'ÉCOLOGIE PRATIQUE

FONDATION SIMÓN I. PATIÑO

Remerciements
L'éditeur remercie les propriétaires, les architectes et les maîtres d'œuvre qui ont bien voulu lui transmettre des informations concernant leur maison.

Suivi éditorial : Béatrice Gauge
Rédaction : Dominique Foufelle
Conception graphique, réalisation : Béatrice Gauge
Reprise des plans : Atelier Dédales, Cnossos
Photogravure : Quad numérique
Impression : Eurografica, Italie

ISBN : 2-904082-99-9

Crédit photographique
Photo de couverture : Pierre Mignot
Patrig Ar Goarnig : 132-133-134
Jean-Yves Barrier : 81-83
Jean-Marie Bernier : 66-67-68
Eric Boissel : 18-19-20-21
Antoine Bosse-Platière : 30-31
Arlette Boudrand : 100-102
Bernard Boulangeot : 101
Hubert Carducci : 126
Patrick Charmeau : 7-120-122 haut
Les Charpentiers d'Uzès : 130
Samuel Courgey : 38-41
Antonio Duarte : 116-117-119-couv.
Olivier Duport : 50
Michael Flach : 7-112-113-115-couv.
Gilbert Galey : 136-137-138-couv.
Gérard Gasnier : 51-52-couv.
Suzanne Gentelet : 35-37
Pierre Ginouvès : 7-89-90
Marc Jauneaud : 79-80-82
Gilles Lansard : 109-110 bas
Jeremy Light : 33
Nicolas Meunier : 124-125-127-couv.
Pierre Mignot : 10-11-12-13-26-27-29-47-49-58-59-61-92-93-94-95-128-129-131-couv.
Noak/Le Bar floréal : 104-105-107
Observ'ER/Concours Habitat solaire Habitat d'aujourd'hui : 9-34-62-63-74-75-76
Jean-Pierre Oliva : 14-15-16-22-23-24-25-54-55-56-57-84-85-86-87-108-110-couv.
Christian Post : 42-43-44-45
Jacques Rosset/ecoDomus : 96-97-98-99
Eric Saillé/Atelier de l'Entre : 65
Yvan Saint-Jour : 17-39-40-121-122-123
Patrick Sauvage : 70-71-73

Sommaire

Avant-propos

Qui sont-ils, les propriétaires de maisons écologiques ? Pourquoi diable se sont-ils mis en tête de ne pas faire comme tout le monde ? De construire en bois, en pisé, en briques de terre crue ? D'isoler avec du chanvre, de la laine, de la ouate de cellulose, de la paille ? Nous leur avons posé toutes ces questions, et bien d'autres. Et derrière leurs réponses nous avons découvert des hommes, des femmes, des couples, qui racontent leur maison, les raisons de leur choix, les difficultés qu'ils ont pu rencontrer, le plaisir qu'ils ont à vivre dans une maison qu'ils ont parfois construite en partie de leurs mains.

Pour tous, construire – ou rénover – « écologique » allait de soi. Car ils ne concevaient pas de vivre dans une maison faite de matériaux polluants, dangereux pour la santé et pour l'environnement. Certains se sont pris de passion pour un matériau ou un mode de construction, comme ce maraîcher biologique qui a mis plusieurs années à se construire une superbe maison voûtée en briques de terre crue. D'autres ont résolument opté pour des solutions hors norme, comme les propriétaires de cette maison aux cent mille bouteilles. D'autres encore ont fait des choix plus classiques, comme la brique monomur ou l'ossature bois.

Selon sa sensibilité et son budget, selon l'environnement architectural, le climat, les compétences des artisans et des entreprises locales, chacun a fait ses choix de matériaux et d'architecture. D'où la grande diversité des maisons présentées, que nous avons voulu représentatives des nombreuses solutions et du large éventail de prix de revient de cette nouvelle manière de construire. Au-delà de cette diversité, ce qui frappe lorsqu'on parle avec les propriétaires des maisons présentées dans ce livre, et de celles que nous n'avons pas pu retenir faute de place, c'est la passion qui les a tous animés, en dépit des aléas liés à des techniques souvent innovantes. Car il ne s'agissait pas, bien entendu, de construire comme « dans le temps », mais d'utiliser des matériaux nouveaux ou de mettre en œuvre de manière nouvelle des matériaux traditionnels. Une autre constante, c'est la réaction des voisins et amis de ceux qui habitent ces maisons. Une réaction parfois mitigée, voire franchement dubitative, à la vue du chantier, mais unanime une fois dans la maison, souvent exprimée par : « qu'est-ce qu'on se sent bien chez vous ! »

Nous avons regretté de ne présenter ici que deux réalisations d'habitat collectif. Cela correspond à la réalité de notre pays, où l'habitat écologique a, jusqu'à maintenant, été presque exclusivement le fait d'initiatives individuelles d'architectes, de maîtres d'œuvre, d'artisans ou d'autoconstructeurs. Proche de celui de « construction écologique », le concept de « Haute qualité environnementale » (HQE) des bâtiments commence à être appliqué – de manière encore souvent trop partielle – dans le domaine public, notamment dans quelques écoles, mais bien peu dans le résidentiel collectif, contrairement à ce qui se passe dans d'autres pays. Une situation que nous espérons provisoire.

Introduction

Maison écologique : de quoi s'agit-il ?

Économe ? Respectueuse de l'environnement ? Sans émanations de polluants chimiques ? Une maison écologique est tout cela, bien entendu. Mais c'est aussi une maison où il fait bon vivre, où l'on se sent bien. Car la maison est plus que jamais notre « troisième peau », et elle exerce une influence déterminante sur notre bien-être, d'autant que nous y passons de plus en plus de temps.

Si l'on interroge des professionnels de l'habitat ou de simples particuliers sur ce qu'est à leurs yeux une maison écologique, les réponses surprennent par leur variété. Pour certains, ce sera une maison qui consomme très peu d'énergie, pour d'autres elle devra être construite uniquement avec des matériaux naturels, pour d'autres encore il s'agira d'une maison en bois cachée au cœur de la forêt.

Le concept d'habitat écologique est né il y a près de trente ans en réaction, notamment, contre la généralisation des matériaux de construction industriels, aussi bien de gros œuvre (béton, parpaings, acier), que de second œuvre (aluminium, PVC, polystyrène, polyuréthane, colles et solvants chimiques). Des architectes, des constructeurs et des usagers ont éprouvé le besoin d'un retour à des matériaux naturels et non polluants : terre crue ou cuite, bois, isolants végétaux, peintures à base de substances naturelles. En même temps, face à l'énorme gaspillage d'énergie des maisons mal isolées et équipées d'appareils peu performants, le souci de réduire drastiquement les consommations s'est fait jour.

Un pas supplémentaire a été franchi avec l'application du concept d'écobilan à la construction, c'est-à-dire la prise en compte de la totalité des impacts d'un bâtiment sur l'environnement et sur la santé humaine, tout au long de sa « vie », depuis l'extraction des matières premières utilisées pour la fabrication des matériaux jusqu'au devenir de ces derniers lorsque le bâtiment est démoli.

Pourquoi construire écologique ?

Les impacts négatifs sur la santé et l'environnement des modes de construction modernes sont beaucoup plus considérables qu'on ne l'a pensé pendant longtemps :

– l'activité « bâtiment » génère en France chaque année plus de 20 millions de tonnes de déchets, soit autant que les ordures ménagères ;

– l'amiante provoquera probablement, rien qu'en France, plus de 30 000 décès dans les 20 années à venir ;

– l'air est souvent plus pollué dans les maisons que dehors. Cette pollution est due pour une bonne part aux produits chimiques émis par les matériaux de construction (formaldéhyde présent dans les panneaux de particules, colles, vernis, peintures, etc.) ;

– de nombreux matériaux modernes sont difficilement ou pas du tout recyclables (béton armé, panneaux composites, isolants synthétiques) ;

– le bâtiment (résidentiel et tertiaire) consomme davantage d'énergie et contribue plus à l'effet de serre que les transports.
Mais les raisons de construire écologique vont bien au-delà de la simple – quoiqu'essentielle – protection de notre santé et de l'environnement. Le plaisir d'être entouré de matériaux naturels, de toucher et de sentir le bois, de se chauffer avec le soleil, de vivre dans une maison en harmonie avec la nature qui l'entoure, c'est cela aussi « habiter écologique ».

Où en sommes nous, en France et ailleurs ?

En France, des pionniers ont construit des maisons écologiques dès les années 70, mais ce mouvement est resté marginal jusqu'à la fin des années 90. Il a fallu la prise de conscience – tardive – à la fois de la grande responsabilité de l'habitat dans la consommation d'énergies non renouvelables, et des pollutions induites par un certain nombre de matériaux de construction modernes, pour que s'impose l'intérêt d'une conception écologique de nos manières de construire et d'habiter. En Allemagne, le problème des produits de traitements du bois et de leurs effets sur la santé a mobilisé une partie de l'opinion publique et contribué à l'interdiction des produits les plus toxiques, comme le PCP (pentachlorophénol). En matière d'économies d'énergie, le concept de « maisons passives », développé en Allemagne et en Autriche, a conduit à la construction de maisons dont la consommation d'énergie pour le chauffage est proche de zéro. Dans les pays du Sud, c'est – logiquement – par les matériaux que l'approche « construction écologique » est abordée, avec la redécouverte des matériaux locaux pour remplacer notamment le ciment et la tôle ondulée. La brique de terre crue compressée par exemple, modernisation de l'adobe traditionnel, y constitue une excellente alternative au béton et aux parpaings, infiniment moins coûteuse et créant un climat intérieur bien plus agréable.
Tout comme l'agriculture biologique, la construction écologique n'est donc pas un luxe réservé aux classes aisées et aux pays riches. On verra dans ce livre que certaines maisons écologiques sont moins chères que les maisons classiques à la condition, évidemment, d'effectuer soi-même certains travaux. Cela est encore plus vrai dans les pays pauvres, où la main-d'œuvre est abondante et où des matériaux importés tels que le ciment ou la tôle peuvent être deux ou trois fois chers que chez nous.

Quelles difficultés, quels coûts ?

Construire écologique, c'est avoir le choix entre une grande variété de matériaux, de techniques de mise en œuvre et, bien entendu, d'architectures. La difficulté et le coût dépendent très largement des choix effectués. Pour le gros œuvre, l'ossature bois et la brique monomur (brique creuse très large et pourvue de nombreuses alvéoles) sont les deux solutions les plus fréquemment adoptées. De nombreuses entreprises en France les maîtrisent parfaitement. Si l'on opte pour des matériaux beaucoup moins utilisés de nos jours, comme par exemple le pisé ou la brique de terre crue compressée, il faudra s'assurer de trouver pas trop loin un artisan ou une entreprise sachant les mettre en œuvre. Dans le cas d'une maison à ossature bois, la difficulté variera selon le matériau choisi pour le remplissage. S'il s'agit d'un matériau écologique dispo-

nible en rouleaux, la mise en œuvre sera à la portée des entreprises spécialisées dans l'ossature bois. Si par contre on préfère un remplissage en ouate de cellulose ou en paille, il faudra faire appel à des artisans qui connaissent ces techniques.
La principale difficulté reste souvent de trouver de l'information sur les matériaux et les techniques utilisables, puis des professionnels formés à leur mise en œuvre. En matière d'information, plusieurs livres et revues spécialisés en construction écologique sont aujourd'hui disponibles. Quant aux professionnels, ils sont encore assez peu nombreux en France et pas toujours faciles à identifier. Fort heureusement cette situation évolue rapidement. Plusieurs associations, régionales ou nationales, peuvent orienter les particuliers sur des professionnels compétents. Un annuaire national de l'habitat écologique est coédité par Terre vivante, La Maison écologique et CREEE (Construction respectueuse de l'environnement et économe en énergie). Il rassemble de nombreuses adresses qualifiées, dans tous les corps de métiers concernés par la construction (architectes, maîtres d'œuvre, entreprises, artisans, distributeurs, etc.). On trouvera à la fin du présent ouvrage les références de ces divers organismes et publications.
Quant au coût supplémentaire, il dépend à la fois du matériau et de la participation du maître d'ouvrage aux travaux. Par exemple, un mur en briques monomur coûte à peine plus cher, à isolation égale, qu'un mur en parpaings isolé avec 10 cm de laine de verre. Par contre le prix d'un mur en pisé sera nettement plus élevé, car sa construction exige beaucoup de main-d'œuvre. Il est donc impossible de chiffrer un surcoût moyen par rapport à une maison classique. En Suisse, on estime qu'une maison écologique coûte 5 à 10% plus cher qu'une maison conventionnelle de standing équivalent. En France, où la construction écologique est nettement moins développée, la différence est sensiblement plus importante. Il reste que, si l'on pouvait intégrer dans le prix de revient de la construction les coûts engendrés par la pollution et par la gestion des déchets, on s'apercevrait sans doute que construire écologique est très économique.

Quel avenir pour l'habitat écologique ?

Ceux qui ont fait le choix de construire écologique sont-ils des originaux voués à rester une infime minorité, ou des précurseurs de l'habitat de demain? D'ores et déjà, certains choix écologiques se sont imposés, comme la généralisation de l'isolation, devenue obligatoire. Plusieurs matériaux sont sortis de leur « niche » pour être adoptés par un nombre croissant de constructeurs. Les maisons à ossature bois associée à des matériaux de remplissage naturels sont de plus en plus nombreuses. La brique monomur, à la fois isolante et élément porteur, est utilisée couramment. Des isolants végétaux comme le chanvre, la laine ou la ouate de cellulose sont sortis de la marginalité. Quant au soleil et au bois comme sources d'énergie, ils ne pourront que prendre une place de plus en plus grande. Malgré d'inévitables compromis, liés principalement aux contraintes économiques, la construction écologique peut donc apporter une contribution majeure à la lutte contre la pollution et le gaspillage d'énergie.

BOIS ET CHANVRE BANCHÉ, CHAUFFAGE AU BOIS, GESTION DE L'EAU

Écologique jusque dans les moindres détails

Ambiance bucolique pour cette maison en Ile-de-France abondamment fleurie, dans un pré verdoyant, avoisinant verger et potager. Les choix de la propriétaire ont été guidés à la fois par des soucis de santé et des préférences esthétiques. En allant droit à l'essentiel, et en mariant simplicité et efficacité.

Karin Mundt possédait depuis déjà longtemps une propriété charmante, avec une maison qui ne l'était pas moins... mais dont les bois avaient été traités avec des produits toxiques. Effets désastreux sur sa santé. Elle décide de faire construire une maison neuve...

La maison est complètement intégrée à la nature environnante.

Du naturel avant toute chose

L'emploi de matériaux sains, les économies d'énergies et une bonne gestion de l'eau coulent de source : cofondatrice et ex-directrice de Terre vivante, Karin défend depuis des décennies des options écologiques. Options qui, esthétiquement parlant, sont en parfait accord avec ses goûts : « J'aime tous les matériaux naturels, notamment la terre crue, le bois, le chanvre. »
La disponibilité du constructeur, Olivier Duport, a déterminé le choix final : ce sera ossature bois plus le chanvre, sa spécialité. Dieter, le frère de Karin, architecte, conçoit les plans. Un géobiologue* vient en conseil. La propriétaire participe aux choix, mais pas à la construction. Elle ne se chargera que des peintures intérieures – lasures bio, évidemment.

Prendre du temps, c'est essentiel

Si aucun compromis n'a été fait, la réalisation n'a pas été sans quelques difficultés. Pour obtenir le permis de construire ; pour trouver les matériaux (chanvre et bois non traité) qu'il a fallu faire venir de loin ; pour trouver le maître d'œuvre adéquat (indispensable car l'architecte n'était pas sur place). Deux hivers consécutifs exceptionnellement pluvieux ont en outre retardé le chantier. Du temps, pourtant, Karin regrette de ne pas en avoir pris

La véranda plein sud est vitrée sur presque toute sa hauteur.

Situation : maison orientée au sud avec un bois au nord et à l'ouest. La maison est dans un pré, avec une petite mare fleurie et des plantes grimpantes autour. Plus loin, verger et potager.
Surface habitable : 100 m² + sauna et garage.
Choix constructifs : façade sud presque totalement vitrée, double vitrage (4-6-4), véranda vitrée avec des briques de terre crue sur 60 cm de hauteur.
Matériaux : bois, chanvre banché* et terre crue.
Chauffage au bois avec un poêle (Hase). Panneaux solaires pour le chauffe-eau.
Gestion de l'eau : toilettes sèches, WC et machine à laver alimentés par l'eau de pluie, baignoire alimentée au choix par eau de pluie ou eau du réseau. Contenance de la citerne d'eau de pluie : 3 400 litres.
Équipement : électroménager économe en eau et en électricité, ampoules basse consommation, coupe-circuits électriques.
Durée du chantier : 20 mois (retard pris à cause de deux hivers pluvieux exceptionnels).
Participation aux travaux : réalisation des lasures intérieures par la propriétaire.
Coût total : 149 815 euros (982 722 F).
Coût au m² : 1 328 euros (8 711 F)
Entreprises spécialisées en écoconstruction : ossature bois, Ambiance Bois ; chanvre, Olivier Duport.

davantage, et conseille aux futurs constructeurs de s'en accorder autant que nécessaire.

Ambiance chaleureuse

L'eau de pluie alimente, par le biais d'une citerne en plastique, la machine à laver, la baignoire pour l'eau froide, et une des deux toilettes (l'autre WC, à compost, doit être vidé trop souvent, déplore la propriétaire).

Plan du rez-de-chaussée

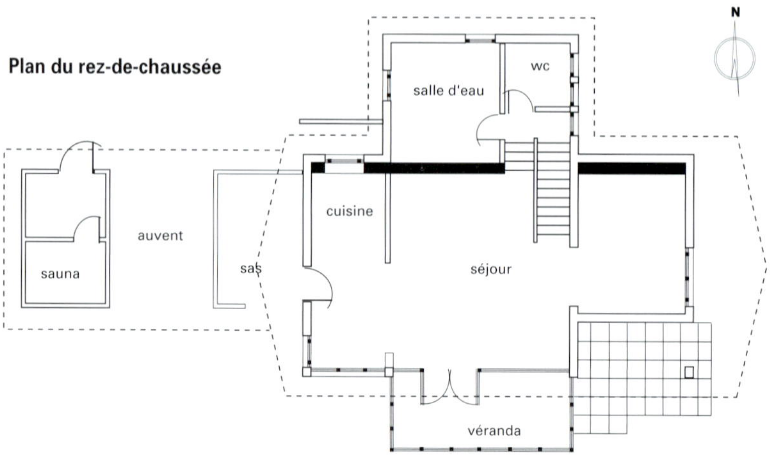

Karin Mundt, 10, rue de la garenne, 77320 Saint-Martin-du-Boschet. Tél.-fax 01 64 01 96 08.
Architecte : Diether Mundt.

Avec une façade sud presque entièrement vitrée et une véranda, sans volets (le vitrage isolant 4-6-4 les rend superflus) ni rideaux, Karin se sent « dans la nature ». Une nature particulièrement aimable, avec pré, verger et potager, qu'en jardinière accomplie elle a abondamment fleurie.

Des panneaux solaires alimentent la maison en eau chaude. Un poêle à bois suffit à la chauffer totalement, contribuant à une ambiance chaleureuse. « Les visiteurs aiment beaucoup ma maison et s'y trouvent très bien. »

Page de gauche, le mur en bardage est celui du sauna.
Ci-dessus, le poêle à bois chauffe toute la maison.

LE CHAUFFAGE AU BOIS

Chauffer toute une maison avec un unique poêle, tel était le souhait de Karin pour sa maison. Un pari réussi, grâce à une disposition des pièces qui facilite la circulation de l'air chaud, et au choix d'un poêle performant (marque Hase). Situé au centre du séjour, le poêle chauffe également la chambre à coucher, à la fois grâce au conduit de cheminée qui passe dans la chambre, et à la circulation de l'air chaud, qui monte naturellement. La salle de bain est chauffée par un conduit d'air chaud partant du poêle, qui dispose à l'arrière d'une sortie prévue à cet effet. La consommation annuelle de bois pour chauffer cette maison de 100 m² est de 8 à 10 stères, y compris le sauna. En ajoutant une bûche le soir (pas davantage pour éviter un excès de chaleur la nuit), il reste suffisamment de braises pour rallumer le poêle le matin avec un peu de petit bois. Muni d'une large porte vitrée, ce type de poêle permet de jouir de la vue du feu tout en ayant un rendement très supérieur à celui d'une cheminée ouverte et même d'un insert, et en évitant toute fumée et toute poussière.

Une maison qui concilie économie, écologie et plaisir

Tournant résolument le dos au nord et à son mistral, axée sur la course du soleil en hiver, dotée d'une véranda occultable, la maison tire parti des bienfaits du sud. Un poêle à bois turbo vient en appoint et les prises pour chauffage électrique « en cas de besoin » n'ont jamais servi.

Ils voulaient une maison pour cinq personnes et pour un budget d'environ 100 000 euros (hors terrain). Nathalie voulait d'abord des matériaux sains dans lesquels ils se sentent bien. Thierry voulait surtout une maison la plus autonome possible pour son chauffage et son énergie.

« Au début, nous avons rêvé de matériaux plus alternatifs (paille, ossature bois, chanvre, bois cordé, etc.). La terre cuite était un compromis pour des raisons de mise en œuvre, mais on ne l'a pas regretté. »

La forme en L de la maison se referme sur une véranda orientée plein sud.

D'autres compromis ont été adoptés pour des raisons financières : chauffe-eau « eau tiède sanitaire » au lieu de solaire (que les propriétaires choisiraient aujourd'hui parce que « plus cohérent »), menuiseries industrielles en châtaignier (seules celles de la véranda ont été faites par un artisan local). Dans les parties jour, le carrelage en grès plutôt qu'en terre cuite a été choisi pour une meilleure facilité d'entretien. dans les chambres ,les parquets traités à l'huile dure* et cirésont agréables à vivre et faciles à entretenir.

Espaces ouverts

Au sommet de leurs satisfactions, la véranda : « C'est le maître d'œuvre qui nous l'a proposée : aujourd'hui, on ne concevrait pas notre maison sans elle ! C'est magique ! Dès qu'il y a du soleil, même s'il fait froid dehors, on coupe le poêle. Quand on est dedans, même en hiver, on a l'impression de vivre dehors – et au chaud ! La véranda, c'est la vraie chaudière de cette maison ! L'année dernière on a consommé 8 stères de bois. Pour une maison de cette taille, dans cette région, c'est vraiment peu, d'autant plus que l'on est très souvent à la maison et que l'on n'a pas un comportement vraiment économe avec le chauffage. »

L'espace intérieur est très ouvert et très lumineux avec son plafond qui suit les rampants de la toiture comme des vagues. Au fil de la journée, le soleil fait vivre différemment ces multiples facettes. La chambre des parents est dans l'aile opposée à celle des enfants, séparée par les pièces de jour en posi-

Le séjour s'ouvre sur la véranda et permet de profiter de la nature, même en hiver.

Une charpente en forme d'étoile dont le séjour constitue le cœur.
Page de droite : le salon bénéficie de plusieurs ouvertures, l'une sur la véranda, l'autre à l'ouest.

tion centrale. « L'inconvénient de cette disposition, avec des enfants jeunes, est que, sorti de sa chambre, tout le monde se retrouve dans l'espace central : cela est parfois bruyant ! Aujourd'hui, on ferait un espace enfants avec un coin jeu plus fermé ou plus isolé. »

Le point de vue du maître d'œuvre

« Quand Thierry et Nathalie ont fait appel à moi, le terrain était en cours d'achat. Ils avaient fait des esquisses pour une maison sur deux niveaux, mais la répartition des fonctions jour/nuit, rez-de-chaussée/étage entraînait beaucoup de place perdue. « Je leur ai proposé un plan plus économique sur un niveau, qu'ils ont rapidement accepté dans son principe.

« Les choix bioclimatiques que je leur ai proposés leur ont plu d'emblée (orientation, véranda, etc.) de même que les volumes intérieurs, mais j'ai souvent joué le rôle de rabat-joie car ce qui me semblait primordial était le respect du budget et la faisabilité technique. Thierry rêvait au début de construction plus alternative, en chanvre, ou en bois cordé. Cela me semblait trop riqué en l'absence d'une entreprise sérieuse pour la mise en œuvre. La seule fiable dans la région n'était pas disponible. J'ai préféré leur conseiller une technique plus facilement reproductible : le monomur de terre cuite.

« Maintenant, je serais peut-être plus audacieux : depuis 1996, les techniques ont évolué, et je connais plus d'artisans capables de mettre en œuvre, par exemple, des murs en paille sur ossature bois (l'isolation est deux fois supérieure à celle du monomur de terre cuite). J'optimiserais le rendement des façades sud-est et sud-ouest par des murs capteurs.

« Avec ces deux améliorations, vu le bilan actuel du chauffage, on s'approcherait de l'autonomie en énergie.

« Cette maison me conforte dans ce que je dis à mes clients (dans le sud de la France) : Avec une bonne conception bioclimatique, il faut considérer le problème du chauffage en terme d'appoint, et non plus comme un poste budgétaire important : un chauffage central coûte entre 9 000 euros et 12 000 euros, un poêle performant entre 1 500 euros et 2 300 euros. Mettons la différence dans la conception bioclimatique de la maison (verrière, murs capteurs, superisolation, etc.) : il n'y a pas de surcoût et, après, le soleil n'envoie pas de facture, comme on disait dans les années 70. »

LE CHAUFFE-EAU ETS (EAU TIÈDE SANITAIRE)

Les chauffe-eau centralisés présentent l'inconvénient d'une grande distance de tuyauterie à parcourir et à réchauffer par l'eau chaude, d'où beaucoup de gaspillage. Pour des utilisations brèves (lavage de mains par exemple), un nombre de calories très supérieur à celui effectivement utilisé reste dans les tuyauteries après la fermeture des robinets et est donc perdu.

Une solution intéressante consiste à produire l'eau chaude à proximité des points d'utilisation. Lave-mains, éviers et douches sont alimentés par un seul tuyau d'eau froide : l'eau est réchauffée instantanément à une température préréglée par un petit chauffe-eau électrique situé directement sous le point de puisage.

Si l'eau est préchauffée dans un réservoir centralisé (par l'énergie solaire par exemple), le petit chauffe-eau décentralisé, appelé alors « compensateur », fournit instantanément le complément nécessaire.

Avantages du système :

– Économies d'eau et d'énergie : pas de temps de réglage de la température, qui est préréglée, donc pas de perte d'eau chaude et froide pendant ce réglage ; pas de canalisations à parcourir et donc à réchauffer par l'eau chaude avant qu'elle arrive au point de puisage : la consommation d'eau chaude est divisée par un facteur variant de 3 à 10.

– Économies sur les infrastructures : les sections des tuyauteries sont réduites par rapport à une installation conventionnelle.

– Économies sur l'entretien : peu ou pas d'entartrage.

– Hygiène et sécurité : pas de risques de légionellose.

Situation : Drôme nord, au pied du Vercors.
Programme : maison individuelle de plain-pied pour une famille de 5 personnes.
Surface habitable : 157 m², dont véranda bioclimatique 11 m² + appentis 26 m².
Conception : étude géobiologique, tracés régulateurs, consultation des entreprises et assistance aux maîtres d'ouvrage par un maître d'œuvre.
Caractéristiques bioclimatiques : forme compacte en L axée sur la course du soleil en hiver, fait le « dos rond » au mistral au nord ; verrière occultable ; isolation renforcée, doubles vitrages.
Principes constructifs et matériaux : monomur terre cuite de 37 cm, chanvre en vrac 20 cm en toiture, dalle isolante en chanvre ; charpente et bois de structure en douglas du Massif central non traité, parquets, lambris en douglas ; menuiseries en bois de pays (chataîgnier) ; finitions avec des produits biologiques (peintures, lasures...) ; circuit électrique évitant les zones de repos dans les chambres.
Chauffage : solaire passif ; appoint avec un poêle turbo au centre de l'espace, adossé à un mur lourd pour l'inertie ; prises électriques dans les chambres pour chauffages radiants (jamais utilisées).
Gestion de l'eau : récupération des eaux pluviales en projet ; assainissement collectif (la commune possède une station de lagunage à macrophytes*).
Bilan chauffage : 8 stères de bois par an en moyenne (soit 2 600 F).
Eau chaude sanitaire : système ETS (eau tiède sanitaire).
Durée du chantier : août 1998 à août 1999.
Participation aux travaux : estimée à 10% du total (finitions).
Coût total : **114 337 euros TTC** (750 000 F), y compris VRD et taxes locales, sans le terrain (construction elle-même estimée à 109 763 euros, 720 000 F).
Coût du m² habitable : 700 euros (4 586 F).
Entreprises spécialisées en éco-construction : maçonnerie Tradi création ; eau chaude sanitaire, Ets ETS .

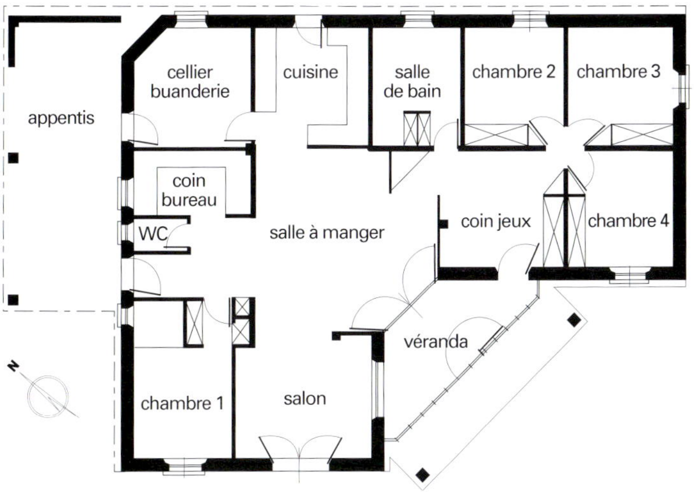

**Thierry et Nathalie Maneval, Meymans, 26 Beauregard-Baret.
Tél. 04 75 48 92 53.
Maître d'œuvre : Atelier d'architecture écologique Habi Ter, Jean-Pierre Oliva.**

Au pays du mélèze, une maison tout en mélèze

Avec ses quelque 40 fenêtres et son orientation plein sud, cette maison bioclimatique fait la part belle à la lumière. Elle est environnée de pavillons récents, à 500 mètres environ d'un village ancien, et sa forme rectangulaire, son cachet contemporain ont surpris dans le voisinage. Mais le paysage, lui, l'a fort bien adoptée ! De plain-pied, elle permet à la famille d'y vivre en prise directe avec la nature.

Du parpaing au bois

« Le choix de matériaux écologiques est, explique Jean-Pierre, un peu le fruit du hasard. On était partis sur du "traditionnel", parpaing et ferraille. Mais plusieurs personnes nous ont vanté l'ossature bois. On s'est renseignés, les informations ont été concluantes, et on est restés sur cette idée. »

Du bois au bioclimatique

« Nous avons commencé avec un constructeur classique, qui nous proposait du pin traité. Puis j'ai lu un article sur un architecte du département, Eric Boissel, qui venait de remporter un Prix pour une maison solaire. Ses propositions nous ont séduits, nous lui avons fait confiance. »

La façade sud présente de larges baies vitrées et des tuiles de béton recouvrent les parties des murs les plus exposées au soleil.

Négocier avec le soleil…

« La façade nord est entièrement en bois de mélèze, non traité. Le bois est posé de différentes façons, par souci esthétique, pour casser le rythme. Sur la façade sud, on a utilisé des tuiles de béton pour les parties les plus exposées, car le bois n'aurait pas résisté au soleil intense de l'été, qui l'abîme et le noircit. Les panneaux solaires sont en façade. Ils alimentent ainsi en énergie solaire les planchers chauffants et le chauffage de l'eau sanitaire. Pour les grands froids, on avait le choix entre un relais électrique et un appoint au bois. On a choisi la deuxième solution, avec un poêle en fonte à combustion double. »

Les murs stockeurs en briques de terre crue sont doublés à l'extérieur par des vitres. Les briques se réchauffent par effet de serre et la chaleur de la journée est restituée progressivement.

…et avec la neige !

Sans être en très haute altitude, le site n'échappe pas aux chutes de neige. « Ayant choisi une faible pente pour des raisons architecturales, nous avons opté pour des plaques de fibrociment – alors que nous aurions préféré des tuiles – moins chères et mieux adaptées à cette pente, en montagne, que les tuiles. Nous avons acheté ces plaques en 1996 ; c'était les premières fabriquées sans amiante et le maître d'œuvre a eu beaucoup de mal à les dénicher. »

Maître d'œuvre à l'œuvre

Le maître d'œuvre, Eric Boissel, a assumé la double fonction d'architecte et de constructeur. « Ça ira plus vite de dire ce qu'il n'a pas fait, que ce qu'il a fait, précise le propriétaire ! Il a tout fait lui-même sauf les fondations, la dalle, le carrelage et l'électricité. Il a pris de l'aide pour installer l'ossature en bois, mais à part ça, il a fait toutes les finitions, et aussi la plomberie. » Les heureux propriétaires se sont contentés de jouer du pinceau !

Objectif luminosité

Le couple n'avait que peu d'exigences de départ, mais bien définies : une maison de plain-pied, avec un maximum de pièces au sud, et beaucoup de luminosité. Denise y tenait particulièrement pour la cuisine. Dans la grande pièce à vivre, le toit est donc surélevé, avec des ouvertures qui augmentent la luminosité. « En tout, on a une quarantaine de fenêtres, alors on ne manque pas de lumière ! Par contre, dans notre chambre, seule une des fenêtres s'ouvre, et si c'était à refaire, on prévoirait davantage de fenêtres ouvrantes. »

Alors? Heureux?

«La seule chose que j'ajouterais maintenant, à laquelle on n'avait pas pensé, c'est une cave, dit Jean-Pierre. Et un garage plus grand. Nous avons d'ailleurs un garage supplémentaire en projet, toujours en bois.» À une surface au sol de 120 m², s'ajoutent deux confortables mezzanines dans les chambres des enfants. Un bel espace à vivre, donc, et le confort assuré pour les années à venir!

LE MÉLÈZE, UNE ESSENCE MÉCONNUE
Eric Boissel construit en mélèze et a de bonnes raisons pour cela. La première, c'est la durabilité du bois. À la condition de ne pas être constamment en contact avec l'humidité (le sol), il a une très longue durée de vie, même s'il est exposé aux intempéries (classe 3). Cette durée de vie est d'autant plus grande que la construction se trouve en altitude. Le mélèze convient donc parfaitement pour les charpentes, le bardage vertical ou horizontal, où il peut être utilisé brut (non raboté), ou encore en couverture (tavaillons ou bardeaux). La deuxième raison, c'est la qualité du bois, plus dur et plus esthétique que celui des autres résineux. La troisième raison, c'est qu'il s'agit d'une essence locale, abondante dans la partie des Alpes où est installé Eric Boissel.
La qualité du mélèze dépend de l'altitude à laquelle l'arbre a poussé et du versant sur lequel il se trouvait. Le bois est d'autant plus dur qu'il a poussé lentement, c'est-à-dire à une altitude élevée et sur un versant peu ensoleillé (ubac). Ses usages sont multiples : bardage et charpente, mais aussi parquets, menuiserie et meubles. Autrefois, les bois des Hautes-Alpes étaient flottés sur la Durance vers Marseille pour construire les galères royales, les mâts en particulier.
La dureté, le caractère fissile et la nervosité de ce bois supposent des procédés de construction adaptés où ces caractéristiques sont prises en compte :
– en charpente : usinage et façonnage en bois frais de sciage, gestion des déformations et gerces inévitables;
– en bardage brut : pose immédiate après sciage,
– en menuiseries, parquets et meubles : un excellent séchage préalable est indispensable.

Présent dans toute l'ossature de la maison, le mélèze est apprécié pour son esthétique et sa durabilité.

Une ambiance lumineuse dans toute la maison grâce aux nombreuses fenêtres.

Gestion des apports solaires pour le confort thermique

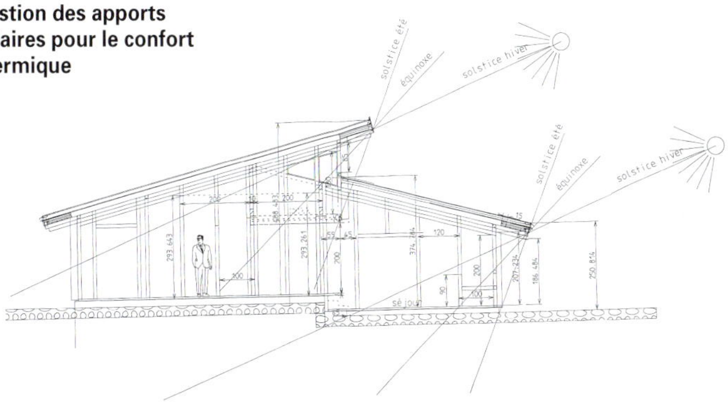

Plan du rez-de-chaussée et des mezzanines

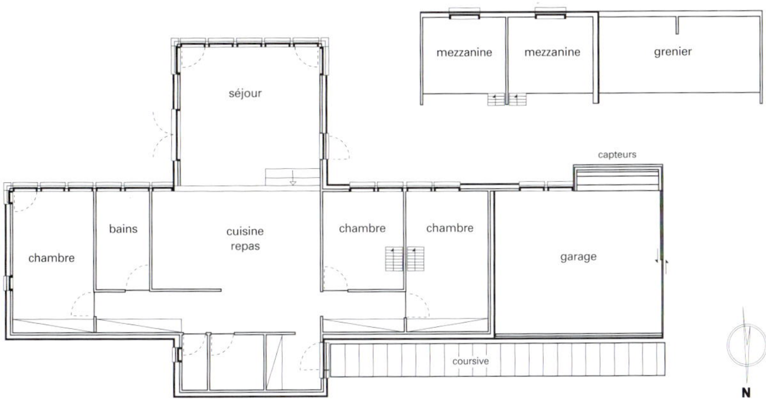

Lieu : terrain avec une faible pente sur le versant sud d'une vallée des Hautes-Alpes au climat très contrasté, chaud l'été (vignes et vergers), froid l'hiver avec vent d'est..

Programme : maison individuelle sur un niveau, pour 4 personnes .

Surface habitable : 120 m² + mezzanines 17 m² + garage 35 m².

Conception : par un architecte.

Caractéristiques bioclimatiques : toutes les pièces sont exposées au sud, face nord aveugle avec circulation couverte ; gestion des apports solaires par un système d'avancées de toiture ; double vitrage.

Principes constructifs et matériaux : ossature apparente en mélèze ; sol en carrelage sur dalle béton isolée et empierrement ; charpente et menuiseries en mélèze ; isolation par l'extérieur en briques de terre crue (murs stockeurs) ou complexe isolant avec laine de roche ; toiture en fibrociment sans amiante.

Chauffage : plancher solaire direct, murs rayonnants et appoint avec poêle à bois.

Eau chaude sanitaire : solaire avec appoint électrique.

Bilan chauffage : 3 stères de bois, soit 600 F.

Consommation électrique totale : 4 100 kWh/an.

Bilan énergétique global (chauffage, énergie, cuisine, eau chude sanitaire) : 720 euros/an (4 720 F).

Durée du chantier : 1 an.

Participation aux travaux : limitée aux finitions (peintures).

Coût total : 182 939 euros (1 200 000 F) en 1997.

Coût au m² habitable : 1 220 euros (8 000 F) en 1997.

Entreprises spécialisées en éco-construction : Construire en mélèze.

M. et Mme Martin, Le Pré neuf, 05360 Valserres. Tél. 04 92 54 32 79.
jp.martinq@club-internet.fr
Architecte-charpentier : Eric Boissel.

Matériaux écologiques et éolienne : une maison dans le vent

Intuition et adaptation : ce furent les maîtres mots du projet, qui a évolué au fil de sa réalisation. Se lançant avec enthousiasme dans une aventure dont ils acceptaient à l'avance les tâtonnements et les aléas, Danièle et Wolfgang Leth ont presque déjà gagné leur pari d'être autonomes en énergie. Et ils se félicitent d'avoir résisté aux tentatives de découragement.

Fait d'un patchwork de matériaux, le toit s'intègre parfaitement à l'environnement.

Pour Wolfgang, construire une maison écologique s'imposait comme une évidence, dans la démarche écologique qu'il a adoptée depuis l'âge de 15 ans : « Ma maison ne pouvait pas être autrement. En allumant mon radiateur électrique, je n'aurais pas pu me regarder dans une glace. » Danièle voulait des matériaux sains. Elle tenait à leur autonomie en énergie, par souci d'économie, et donc d'indépendance, tout autant que de respect de l'environnement.

Choisir un site généreux

Cette exigence a présidé au choix du terrain, « un lieu qu'on aimait physiquement et où on pouvait être autonomes. » De fait, il fournit le bois pour le chauffage. Seul apport extérieur : le gaz pour la cuisine et l'eau chaude. Mais un chauffe-eau solaire est prévu.

Pour choisir l'emplacement de la maison, le couple n'a guère eu le choix. « De toute façon, on ne pouvait pas la faire ailleurs. Il y avait déjà une ruine : elle se trouvait au seul endroit où mettre une maison dans cette petite vallée, compte tenu de la forme du terrain et de l'ensoleillement. »

Une démarche évolutive

Tout le chantier s'est déroulé selon la même logique : s'adapter aux réalités de l'environnement. Les plans ont été faits après la maison ! Une démarche évolutive pleinement assumée. « En fait, la terrasse de construction ne pouvait admettre que cette forme. L'ossature bois a dicté la trame et a imposé l'espace. » Wolfgang faisait des croquis au fur et à mesure : « On plantait des perches sur le terrain, on tendait des cordes pour matérialiser l'espace, y compris en hauteur, et on modifiait. À partir de là, j'envisageais les moyens techniques. »

Ayant débuté les travaux au printemps 1990, les Leth ont habité leur maison à partir de septembre 1991. Depuis dix ans, plusieurs pièces ont été rajoutées.

Se laisser porter par ses désirs

Pour avoir voulu relever un défi face « aux gens qui découragent toujours de sortir des sentiers battus », le couple ne s'est pas pour autant lancé à l'aveuglette. Beaucoup d'ouvrages ont été lus, beaucoup de conseils sollicités. La difficulté restant de trouver des renseignements fiables sur des techniques non conventionnelles, ou non régionales. « Certains conseillers n'ont pas été très sérieux, déplore Wolfgang. On a eu l'impression de leur avoir servi parfois de cobayes. Mais ce côté pionnier nous plaît, finalement. »

Largement ouvert sur le sud, le séjour profite des apports du soleil, le poêle à bois assurant le complément.

Lieu : Drôme provençale (500 m d'altitude).
Programme : maison individuelle, sur 2 niveaux pour une famille de 5 personnes.
Surface habitable : 140 m² + dépendances 75 m².
Conception : autoconception.
Caractéristiques bioclimatiques : forme compacte, trés développée au sud avec de grandes baies vitrées; verrière occultable de 15 m².
Principes constructifs et matériaux : structure en ossature bois; remplissages divers selon les parois (pisé, paille, béton de chanvre, terre cuite...) ; sols isolants en mortier de chaux + sciure de bois sur hérisson de cailloux; toiture isolée en laine de roche, couverture en bardeaux de red cedar; finitions avec des produits biologiques (peintures, lasures...).
Chauffage : solaire passif; appoint avec un poêle à bois et une cheminée pour l'agrément.
Eau chaude sanitaire : solaire en été (tuyau noir), au gaz en hiver (capteurs solaires en projet).
Énergie : non raccordés au réseau EDF. Circuit lumière en 12 volts alimenté par 2 m² de capteurs photovoltaïques (200 W), une éolienne de 400 W, modéle américain acheté 6000 F avec turbine et mât, un groupe électrogène de 600 W pour les machines.
Gestion de l'eau : fosse septique pour toilettes intérieures; toilettes à compost à l'extérieur; eaux grises traitées par une fosse septique.
Bilan chauffage : 5 stères de bois par an.
Durée du chantier : construction en 2 tranches : de 1990 à 1994 (18 mois cumulés) et de 1998 à 1999 (6 mois).
Participation aux travaux : autoconstruction totale.
Coût total : 38 112 euros (250 000 F) hors terrain dont 15 245 euros (100 000 F) de matériaux, et 10 671 euros (70 000 F) pour le terrassement, l'énergie solaire et le système d'eau + travail estimé à 2 années à temps complet.

Danièle et Wolfgang Leth. Pour plus d'informations, prendre contact par l'intermédiaire de Terre vivante.

Cette réalisation fut aussi « un peu un jeu ». Son côté ludique et spontané a été favorisé par le choix de matériaux naturels : « Ils pardonnent beaucoup plus les erreurs, même si la mise en œuvre n'est pas parfaite. On peut en outre plus facilement les réparer, les faire évoluer. »

Accepter quelques concessions

En cours de route, pour avancer plus vite, des matériaux classiques ont été choisis (briques, partiellement laine de roche) ; des concessions estimées à 25 % des matériaux. « J'aurais aimé faire plus de travaux en terre crue, regrette Wolfgang, mais j'ai abandonné certains choix radicaux, pour économiser de l'argent et du temps. »
Le couple a aussi préféré ménager l'environnement humain : « Il fallait s'intégrer, ne pas trop choquer. La maison ne devait pas se voir du village, notamment à cause des tuiles en bois. On l'a donc faite plus basse qu'on ne l'aurait souhaité. »

Vivre avec la nature

L'espace de vie de la maison a été voulu unique, spacieux, convivial. Il est généreusement baigné de lumière, et ouvert sur la nature, ce qui provoque l'agréable sensation de ne pas être coupé de l'extérieur. « Même en hiver, on est dans le paysage. »
Leur fille et les enfants accueillis se montrent ravis, en dépit des petites contraintes qu'imposent les économies d'énergie. « Quant aux amis, ils adorent la maison. Beaucoup regrettent de ne pas avoir osé, d'avoir eu peur. Beaucoup de gens reculent car ils craignent d'investir dans quelque chose de difficile à revendre. En fait, on pourrait revendre la maison comme elle est au prix d'une maison classique. Le problème, c'est qu'on y est trop attachés, on y a mis trop de nous-mêmes ! »

Plan du rez-de-chaussée

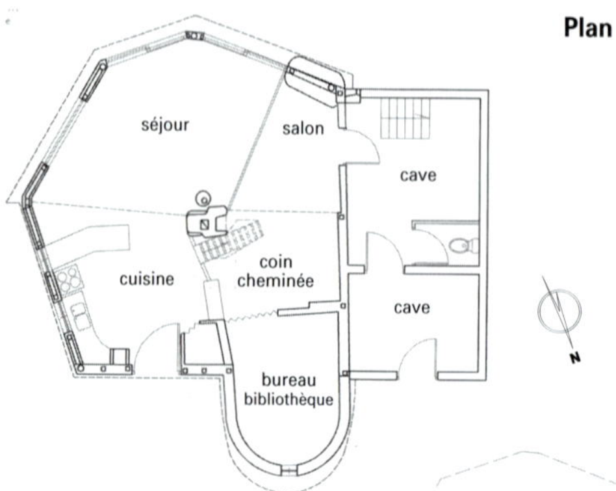

Plan de l'étage

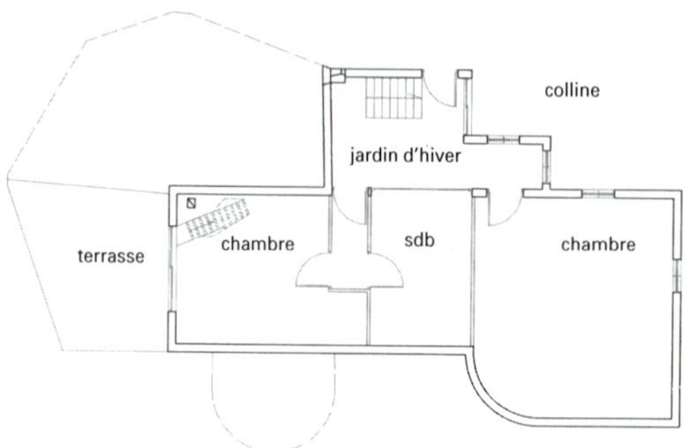

L'ÉNERGIE ÉOLIENNE DOMESTIQUE
Pour la production d'énergie d'une maison autonome, les capteurs photovoltaïques sont souvent la solution de base. Mais pendant les périodes d'ensoleillement faible (de novembre à mars) il faudrait augmenter considérablement la surface des capteurs et la capacité des batteries pour subvenir aux besoins : l'investissement ne se justifie plus, sans parler de la surproduction insensée de kWh en été ! Un système hybride éolien/solaire semble le plus adapté, d'autant plus que ces deux énergies sont très complémentaires : souvent, le « mauvais temps », c'est aussi du vent !
« L'inconvénient souvent évoqué à propos des éoliennes est le bruit : à partir d'environ 5 m/s, (=18 km/h) on entend un léger sifflement du même niveau sonore que celui du vent dans les feuilles. À une vitesse du vent de 22 m/s, (= 80 km/h), le frein aérodynamique entre en action avec un bruit ressemblant étrangement à celui des trompes tibétaines, pendant quelques secondes. On peut trouver cela désagréable, mais quand le vent souffle à cette vitesse, on est en général à l'abri à l'intérieur de la maison et pas sur la pelouse au pied de l'éolienne. »
Il existe aussi une possibilité de ralentir la rotation par un dispositif électronique : elle tourne alors en régime lent et silencieux.
« En fait, pour le propriétaire d'une maison autonome, la vue des pales d'une éolienne tournant et leur sonorité sont toujours quelque chose de beau et de rassurant. »

La maison qui tourne avec le soleil

Non seulement le « Domespace » adopte, comme son nom le suggère, la forme d'un dôme, mais encore certains modèles tournent sur leur socle, permettant de varier l'orientation selon la saison. Science-fiction ? Non. Il s'agit d'une maison somme toute « bien de chez nous », toute en bois hormis la dalle en béton, et d'un prix très accessible à condition de se la faire livrer en kit et de la monter soi-même.

Le montage des éléments préfabriqués est, selon le propriétaire de ce Domespace gardois, « à la portée d'un bon bricoleur ». Lui-même ne possédait auparavant aucune expérience du travail du bois. « Les pièces de bois sont très bien ajustées. Il faut être très rigoureux sur l'ordre de montage des matériaux et attendre d'avoir tout reçu avant de commencer le chantier. La dalle centrale et son chemin de roulement nécessitent une grande précision, une horizontalité parfaite. »

Au total, la réalisation a pris sept mois, sur le temps de loisirs, avec l'aide de deux personnes. « Cela vaut la peine car un Domespace livré clés en main et monté par une entreprise coûte à peu près le double. » S'il n'y avait pas eu

IGLOO OU SOUCOUPE VOLANTE ?
Le concepteur de Domespace, Patrick Marsilly, a créé l'entreprise en 1988. Mathématicien de formation, il s'est orienté vers le design et s'est passionné pour la bionique*, en s'inspirant des formes de la nature (coquillage, œuf, etc.). C'est de là qu'est partie cette idée *a priori* farfelue d'une maison de forme « lenticulaire », avec deux calottes sphériques opposées dont le plancher fait la jonction. Une idée qui a fait son chemin depuis. Domespace est devenu un bureau d'études avec une vingtaine de salariés, de nombreux collaborateurs et sous-traitants indépendants, et quatre agences à l'étranger. Une centaine de maisons Domespace sont construites aujourd'hui, dont 80 en France. Une sur quatre est autoconstruite avec l'aide de « pilotes » agréés, les autres sont montées par des entreprises sous-traitantes dans chaque région. Des chantiers propres pour des maisons presque 100 % bois, avec un très fort taux de satisfaction des propriétaires.

La cheminée constitue l'axe central de la maison et permet de chauffer facilement le volume en dôme, d'autant que l'étage n'a pas été cloisonné.

cette possibilité de montage, d'ailleurs, le couple aurait renoncé au rêve de « cette maison qui peut suivre le soleil, ce qui permet de tout voir, du sol aux étoiles. » Le rêve réalisé, la luminosité intérieure reste un atout de séduction majeur.

Économies et confort

L'aspect chaleureux du bois, omniprésent, est également plébiscité. « C'est vrai qu'il y a un risque d'incendie, dans cette zone de garrigue, mais je l'ai assumé volontairement, tellement je souhaitais avoir cette maison. Il m'arrive quelquefois d'y penser, mais je ne regrette rien. »
Si les économies d'énergie constituaient une préoccupation de base, pour ménager à la fois le budget familial et l'environnement, les propriétaires ne voulaient pas sacrifier le confort. La grande cheminée centrale, d'aspect très contemporain, a permis de faire face aux (rares) pointes de froid de l'hiver. « À l'intérieur, c'est un grand foyer fermé qui accepte les bûches de 90 cm de longueur. La forme en dôme crée un volume très facile à chauffer, d'autant qu'il y a très peu de cloisons et que l'enveloppe est bien isolée. » En revanche, cette construction 100% bois manque d'inertie thermique*.

Situation : à 300 m d'un hameau dans le Gard, à flanc de colline, pente orientée sud-est, en bordure d'une forêt de chênes verts de 20 000 ha.
Surface : 200 m² de planchers, mais seulement 114 m² habitables avec 1,80 m de hauteur, selon la réglementation. Diamètre : 7,20 m.
Choix constructifs : maison tout bois en forme de dôme capable de tourner sur son socle pour choisir l'orientation selon la saison.
Matériaux : structure en lamellé-collé d'épicéa et plaques d'OSB* (ou Tripli*, à base de copeaux) avec colles à faibles émanations de formaldéhyde, couverture en bardeaux de red cedar imputrescible (provenant de forêts canadiennes avec des garanties de replantations) ; isolation à base de liège en granulés ; vitrages peu émissifs (Vélux gamme Confort) ; parements intérieurs, planchers et escalier (à venir) en bois . Bardage de la partie basse en mélèze. La maison repose sur une couronne avec roulement à billes et une dalle de béton, d'un diamètre de 2,20 m.
Chauffage : foyer fermé suspendu (Focus) avec cheminée centrale + radiateur électrique dans la salle de bains. Deux cumulus électriques pour l'eau chaude. Utilisation du solaire passif optimisée grâce à la forme en dôme et à la possibilité d'orienter les ouvertures principales en fonction du soleil.
Consommation d'énergie : environ 4 stères de bois par an.
Durée du chantier : montage étalé sur 7 mois, mais finitions non terminées.
Participation aux travaux : maison livrée en kit et entièrement montée par son propriétaire avec l'aide de son père et de son beau-père.
Coût du kit : 91 500 euros (600 000 F).
Coût total : 152 450 euros avec le terrain (1 000 000 F).
Coût au m² habitable : 800 euros (5 250 F).

Un cocon

Un regret : l'isolation phonique, pas très bonne : « Le vide sanitaire sous le plancher amplifie le son. Mais il est vrai que pour le moment, on marche sur les plaques de triply* car je n'ai pas encore posé le plancher. »
« C'est une maison à la fois pratique et ludique, témoigne madame. On y vit tous ensemble comme dans un cocon, nous en haut dans une mezzanine, les filles en bas, toutes les trois dans une grande chambre courbe. La maison est un peu bruyante et manque un peu d'intimité, mais tout n'est pas terminé. Pour le moment, les filles sont bien ensemble, mais je pense qu'il faudra organiser l'espace différemment dans quelques années. »
Question décoration, la maison possède un charme assez fort pour dispenser d'aménagements sophistiqués. Elle a suscité beaucoup de curiosité dans le village. « Tous sont venus la voir. Les réactions étaient assez partagées, plutôt positives, mais elle se voit assez peu et s'intègre plutôt bien dans le paysage. »

Plan standard du rez-de-chaussée d'un Domespace de 7,20 m de diamètre

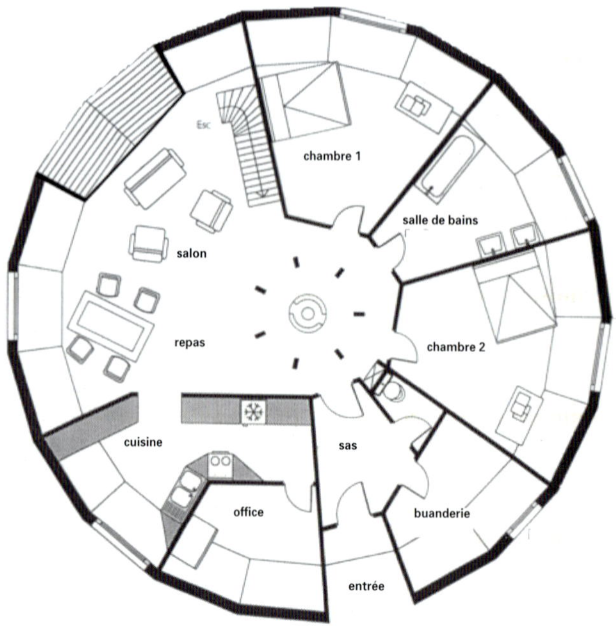

Architecte-concepteur : Patrick Marsilli, Domespace.
Les propriétaires ont souhaité garder l'anonymat.

Le bois, présent partout, donne un aspect chaleureux à la maison.

UNE MAISON QUI TOURNE SUR ELLE-MÊME

« J'ai pu acheter un modèle rotatif, comme je le souhaitais, mais sans le moteur, qui est assez cher. Il faut quand même 3 personnes solides pour faire tourner les 40 tonnes de la maison. Certains le font avec leur voiture. Cela permet d'orienter la partie la plus vitrée en fonction des saisons, de profiter au mieux des apports solaires lorsqu'il fait froid et de s'en protéger en été. Toutes les alimentations et les évacuations sont regroupés dans l'axe de la maison avec des flexibles, ce qui permet une rotation complète. J'espère pouvoir ajouter un jour un moteur pour mieux pouvoir bouger la maison à ma guise. »

Simple, confortable, économe, la maison d'un écologiste de la première heure

Si c'était à refaire, le chanvre serait encore plus présent dans la maison des Light. Ce qui ne les empêche aucunement d'apprécier son ambiance bienfaisante, servie par une très belle lumière. Ils s'avouent également très satisfaits d'avoir investi dans un chauffage performant, qui leur garantit bien-être et économies substantielles.

Gayle est pianiste ; Jérémy est biologiste de formation, spécialisé dans l'épuration et le traitement des déjections humaines, également jardinier. Depuis qu'il vit dans une maison écologique, l'écoulement nasal matinal qui l'affectait depuis des années a disparu. Certes, il ne peut prouver « scientifiquement » que les deux faits soient liés, mais la coïncidence frappe : plus de peintures « classiques », plus de problèmes ORL.

La maison a été conçue dans un souci de simplicité et de respect de l'architecture locale.

L'atmosphère très chaleureuse du séjour-cuisine enchante les habitants.

Ce n'était pourtant pas exclusivement pour ménager leur santé que les Light sélectionnèrent leurs matériaux. Il s'agissait aussi de limiter la consommation d'énergie grise*, en choisissant ceux qui nécessitent le moins de transformations. Une démarche écologique globale, donc, liée au respect de l'environnement.

Le chanvre dans tous ses états

L'ossature de la maison est en bois mais invisible, car noyée dans des murs non porteurs, faits d'un mélange de chènevotte* et d'un liant à base de chaux, et montés entre deux banches*. Pour les cloisons, et par mesure d'économie, le Fermacell* souhaité a été remplacé par du placoplâtre. Le principe d'une dalle en chanvre a été abandonné au profit du béton, par un souci de prudence qui s'est révélé injustifié. « Le constructeur avait eu des problèmes d'humidité avec une dalle en chanvre, explique Jérémy. Par la suite, on s'est aperçu que c'était dû au sol, non au matériau. Il en a depuis coulé d'autres sans rencontrer aucune difficulté. S'il y avait une prochaine fois, nous choisirions une dalle en chanvre. »
Le toit est isolé avec du chanvre (chènevotte) en vrac. Pour les extensions futures, cette formule est mise en balance avec des rouleaux de fibres de chanvre. Mais si cette dernière solution cumule commodité d'emploi et efficacité, elle présente un inconvénient non négligeable : les rongeurs en raffolent ! La seule façon de leur couper définitivement l'appétit reste d'ajouter au chanvre de la chaux, qui leur est nocive.

Histoires de petites bêtes

Jérémy insiste sur la nécessité de ne pas oublier les bestioles que, pour être un ami des animaux, on n'aime pas particulièrement voir s'installer dans son

Lieu : plateau du Trièves en Isère, maison orienté au sud-sud-est, à 810 mètres d'altitude.
Programme : maison individuelle, sur 2 niveaux.
Surface habitable : 117 m² + garage et annexe.
Conception : par les propriétaires, assistés par le constructeur.
Caractéristiques bioclimatiques : grandes fenêtres au sud et petites fenêtres au nord.
Principes constructifs et matériaux : ossature bois et chanvre banché, double vitrage Ecoplus*.
Chauffage : poêle à bois Vermont 8kW.
Gestion de l'eau : fosse septique ; récupération de l'eau de pluie, 1 m³ dans une cuve en béton enterrée et 20 m² de bassin.
Bilan chauffage : 5 à 8 stères de bois par an.
Chauffage ECS : 4 m² de panneaux solaires en cours d'installation et électricité.
Durée du chantier : 2 ans.
Participation aux travaux : autoconstruction estimée à 70 % du total (tout sauf gros œuvre).
Coût total : 73 000 euros (479 000 F).
Coût du m² habitable : 624 euros (4 100 F).
Entreprises spécialisées en éco-construction : ossature bois et chanvre, Olivier Duport.

logis. « Les problèmes d'insectes sont faciles à régler quand on accepte les pesticides. Mais dans une maison saine, c'est impossible. » D'où le conseil d'y penser avant, en bouchant soigneusement les trous au niveau des fondations, notamment.
Jeremy parle d'expérience : « On a laissé une tranchée entre les fondations et les murs, pour ajouter des gaines au cas où on devrait installer un chauffage central. C'était une mauvaise idée, car c'est devenu une voie pour les souris, les fourmis, les lézards, d'autant que cela s'est avéré inutile. »

Bien-être non polluant

La possibilité d'un chauffage central avait été ménagée suite aux avertissements des pessimistes qui ne croyaient pas aux seules vertus du poêle à bois. Ils avaient tort : grâce à l'excellente isolation et au vitrage Ecoplus*, extrêmement efficace, la chaleur du poêle à bois unique suffit, la circulation de l'air chaud dans la maison étant favorisée par sa conception intérieure.
Jérémy conseille vivement d'investir dans un poêle performant. « À l'achat, c'est plus cher. Mais on s'y retrouve nettement à la consommation. » Celui des Light peut aussi leur servir à la cuisson. Les économies se réalisent donc non seulement en argent, mais aussi en pollution.

Casse-tête techniques

Les travaux intérieurs ont été entièrement réalisés en famille, un ami prêtant main forte pour l'électricité. Chemin faisant, Jérémy a rencontré deux difficultés techniques...
La cloison du couloir se trouvant derrière le poêle, il s'avérait nécessaire d'utiliser un matériau ininflammable. Après des hésitations, le choix s'est porté sur des briques en terre cuite... trouvées à la décharge.

Plan du rez-de-chaussée

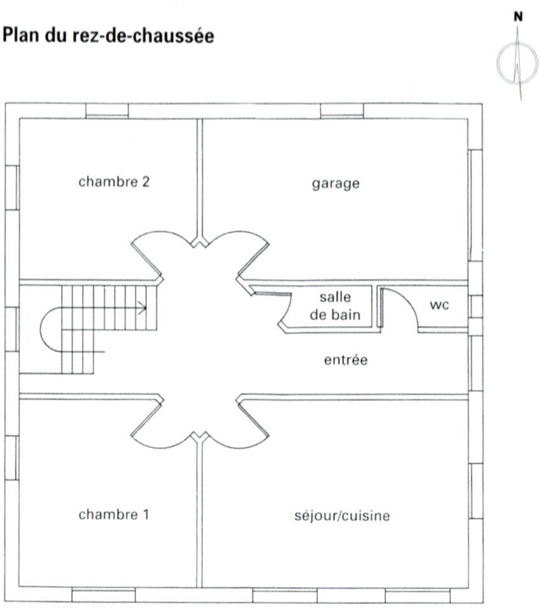

**Gayle et Jeremy Light, 38710 Mens (visites sur rendez-vous).
jeremylight@wanadoo.fr**

CHANVRE BANCHÉ
Contrairement à d'autres matériaux naturels, comme le bois, la terre crue ou la brique, le chanvre n'est pas un matériau de construction traditionnel. La partie de la plante utilisée est la chènevotte, résidu cellulosique restant après le défibrage, la fibre étant utilisée aujourd'hui en France pour fabriquer des papiers fins et résistants (papier à cigarette, papier bible, billets de banque). En remplissage d'une ossature bois, la chènevotte est mélangée dans un malaxeur à un liant à base de chaux et à de l'eau, le mélange pouvant être mis en œuvre de deux manières différentes. La technique utilisée dans cette maison est celle du banchage. Un coffrage est confectionné avec des planches – les banches – comme pour un mur en béton et le mélange – chènevotte + liant + eau – est déversé entre les banches en ne le tassant que très légèrement, pour lui conserver ses propriétés isolantes. L'ossature bois de la maison – indispensable car le mélange à base de chènevotte n'est pas porteur – peut être soit apparente, comme dans les anciennes maisons à colombage, soit noyée dans les murs. Aujourd'hui, cette technique est parfois remplacée par l'utilisation de grosses briques confectionnées avec les mêmes matières premières, dont la mise en œuvre est plus facile, ou par la réalisation de panneaux préfabriqués.

En haut, montage de l'ossature bois puis, en bas, remplissage des murs avec du béton de chanvre entre les banches* (coffrages provisoires).

Le revêtement de sol en liège a donné davantage de fil à retordre. Les colles classiques contenant des solvants organiques, c'est une colle à l'eau qui a été choisie – pas très efficace sur une dalle en ciment. L'eau a fait gondoler les carreaux. Sur ce point, Jérémy s'interroge toujours : « Ils étaient prétraités avec une lazure étanche. Mais le liège a quand même absorbé l'eau de la colle. Peut-être vaut-il mieux coller des carreaux vierges et les traiter après ? »
Une question qui ne l'empêche pas d'apprécierla maison, et en particulier la lumineuse ambiance de la grande pièce à musique, au premier étage, la plus agréable dit-il, de cette maison qui séduit même les architectes.

Huit stères de bois pour chauffer une vaste maison en montagne

Cette « maison solaire » a remporté en 2001 le 1er prix au concours « Énergies d'aujourd'hui » pour la région Rhône-Alpes. En faisant le choix de l'écologique, ses propriétaires souhaitaient avant tout vivre dans un habitat sain, et préserver l'environnement en utilisant des matériaux recyclables. Les économies d'énergie venaient au second plan. Leur consommation n'en est pas moins très raisonnable.

Après avoir consulté un géobiologue, Suzanne et Marc Gentelet ont choisi un architecte sensibilisé à l'habitat écologique, qui a ultérieurement remporté

À 800 m d'altitude, l'isolation bien pensée et le plancher solaire direct permettent une consommation de bois de chauffage restreinte. (Sur cette photo, la chambre au-dessus du garage n'est pas encore créée.)

un prix pour une école près de Bourg-en-Bresse. Il a lui-même fait appel à un thermicien pour affiner ses choix. Un conseiller technique, revendeur de matériaux écologiques, les a ensuite guidé dans les finitions. C'est là qu'ils ont mis par exemple les fils électriques blindés, recommandés pour éviter les champs magnétiques, notamment dans les chambres.
Suzanne et Marc étaient tentés par une construction en bois, mais rebutés par l'important entretien extérieur qu'elle aurait exigé, ils ont finalement opté pour des briques monomur en terre cuite de 37,5 cm d'épaisseur. « Le gros avantage, c'est qu'on n'a pas besoin d'isolation, explique Suzanne. L'air emmagasiné dans les alvéoles fait fonction d'isolant. Les murs sont revêtus de plâtre à l'intérieur et d'un crépi à l'extérieur. »

Des capteurs parfois très efficaces

La surface occupée en façade par des capteurs solaires (15 m^2) a été calculée pour assurer en hiver le chauffage par le plancher, relayé en cas de besoin par un poêle en bois. En été, les capteurs alimentent la plupart du temps le ballon d'eau chaude sanitaire. Résultat : production importante d'eau chaude qu'il serait nécessaire de compenser par l'installation d'une boucle de décharge pour éviter que l'eau ne monte au-dessus de 100 °C. La solution

La mezzanine donne sur le séjour et ouvre sur l'extérieur par une grande surface vitrée.

Situation : dans l'Ain à plus de 800 m d'altitude, sur un terrain plat.
Surface habitable : 140 m² + annexes.
Conception : par un architecte.
Caractéristiques bioclimatiques : grandes ouvertures au sud, espaces tampon au nord (garage et cellier), doubles vitrages, volets extérieurs.
Principes constructifs et matériaux : murs en briques monomur de terre cuite, épaisseur 37,5 cm ; charpente, ossature bois (mur est) et planchers porteurs en bois cloué (sapin) ; toiture en tuiles de terre cuite ; pièces à vivre sud-ouest et est, chambres est et nord-ouest ; isolation sous toiture et du mur à ossature bois à l'est en ouate de cellulose ; isolation de la chambre d'hôtes, sous-pente en laine de mouton, façade est en liège, plancher en laine de lin..
Chauffage : plancher solaire direct avec 15 m² de capteurs solaires thermiques et appoint avec un poêle à bois performant.
Eau chaude sanitaire : ballon d'eau chaude sanitaire de 250 litres alimenté par les capteurs + appoint chauffe-eau électrique.
Consommation d'énergie : 8 stères de bois par an, 268 euros (1 760 F) ; EDF, 372 euros (2 434 F) ; gaz de la cuisine, 92 euros (600 F) ; soit en tout 732 euros par an (4 800 F).
Durée du chantier : 1 an.
Participation aux travaux : limitée aux finitions peintures et lasures (+ une chambre d'hôtes ajoutée ultérieurement).
Coût total : 147 876 euros (970 000 F) en 1997 dont 10 595 euros (69 500 F) pour l'installation solaire.
Coût au m² habitable : 1 056 euros (6 930 F).

Suzanne et Marc Gentelet, en Suirand, 01110 Brenod. Tél. 04 74 36 05 53.
Architecte : Christophe Mégard.

d'obturer les panneaux par des volets coulissants est intéressante, mais doit être prévue au montage pour une mise en œuvre plus facile. Tout risque de brûlure par une eau surchauffée est cependant évité grâce aux robinets thermostatiques (qui permettent de programmer une température constante) installés sur les douches.

Un nouvel espace créé en autoconstruction

Au nord, le garage et le cellier ont été conçus comme des « espaces tampons ». Mais il restait un grand vide au-dessus du garage. Après avoir isolé la partie basse du garage en faisant un plancher, le couple en a profité pour créer une pièce supplémentaire devenue chambre d'hôtes. Cette fois, seul le gros œuvre a été effectué par une entreprise ; Marc a assumé la construction : « Il n'était pas du tout bricoleur, mais il a très bien réussi », affirme son épouse.

Plan du rez-de-chaussée

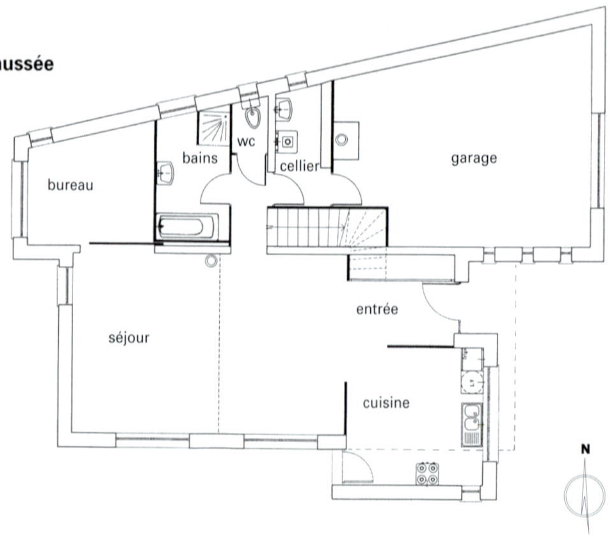

Plan de l'étage

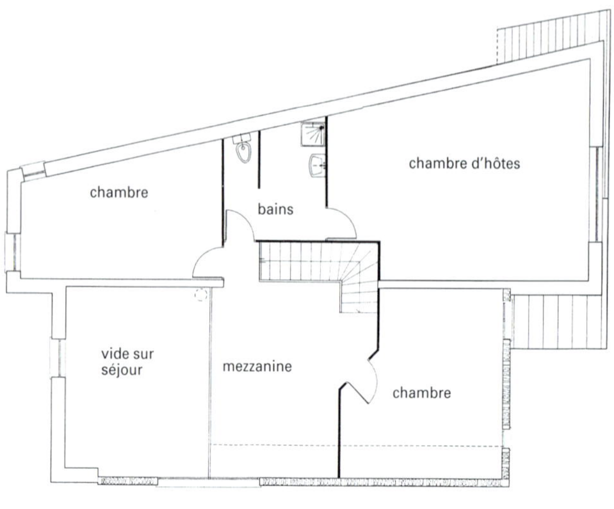

L'espace au-dessus du garage a été utilisé pour créer une chambre d'hôtes particulièrement soignée.

Des matériaux divers ont été utilisés dans cette grande pièce, particulièrement « chouchoutée »: laine de mouton en rouleaux pour l'isolation de la toiture (deux couches croisées); liège et revêtement Fermacell* pour l'isolation de la façade est; lambris en mélèze; et pour le mur jouxtant la chambre du fils, grand amateur de musique, une isolation phonique en fibre de bois compactée.

Cette nouvelle pièce est devenue chambre d'hôtes et, témoigne Suzanne, les visiteurs montrent un vif intérêt pour les techniques employées, et pour l'ambiance chaleureuse que créent les matériaux. Dans le village, la maison est jugée « originale et jolie ». Mais il reste quelques sceptiques, qui en dépit de la démonstration qui leur en est faite, doutent encore de l'efficacité du chauffage solaire.

LE PLANCHER SOLAIRE DIRECT (PSD)

C'est un système de chauffage original élaboré dans les années 70, mis au point et industrialisé par l'entreprise Clipsol, qui en a installé près de 900 en France à ce jour.
Le principe est simple : le fluide provenant des capteurs solaires circule directement dans une dalle chauffante qui sert à la fois d'émetteur de chaleur à basse température et de stockage, avec restitution le soir de la chaleur accumulée pendant la journée. Les capteurs sont également utilisés pour la production d'eau chaude sanitaire et, éventuellement, pour le chauffage de l'eau d'une piscine à la belle saison.
Le PSD ne permet pas de couvrir la totalité des besoins de chauffage. L'appoint peut venir d'une chaudière traditionnelle – il est alors géré par le bloc de régulation – ou bien d'une cheminée ou d'un poêle à bois.
La surface de capteurs, assez importante, est généralement intégrée à la toiture. L'installation d'un PSD donne droit aux aides de l'Ademe (Agence de l'environnement et de la maîtrise de l'énergie) et aux primes Combi dans le cas d'un chauffage combiné avec chaudière et régulation.

Une maison en paille et bois, belle et durable

Surnommée la « maison jaune » par les voisins et conçue par le couple avec l'aide d'amis architectes, cette résidence a été autoconstruite à 95 %. Le chantier a reçu de nombreux visiteurs, car Samuel Courgey est cofondateur de l'association Arcanne, qui s'est donné pour mission de promouvoir l'écoconstruction*.

La maison s'étage sur le terrain pentu en trois niveaux.

« Les personnes qui ont la chance d'avoir accès à une certaine connaissance ont une responsabilité plus grande que les autres », estime Samuel Courgey. Professionnel de la bioconstruction depuis plus de dix ans, il a croisé et appliqué beaucoup de techniques : « Dans ma propre maison, j'ai choisi celles qui me semblaient les plus cohérentes. Je voulais démontrer la fiabilité de ces techniques, trop peu appliquées encore de façon professionnelle. »
Bernadette et lui-même sont originaires du milieu rural ; l'usage de la paille et du chanvre faisait le lien entre agriculture et bâtiment, tout en offrant de très bonnes performances thermiques et écologiques.
Construire une maison ne se résume pourtant pas à une action militante ! Les choix de vie entrent en ligne de compte, et il arrive que les désirs divergent…

Budget évolutif

Pour la réalisation très économique que souhaitait Samuel, il aurait fallu un terrain plat. Mais Bernadette privilégiait l'environnement humain – et le ter-

À l'extérieur, asociation d'enduits et de bardage bois.

rain qu'ils trouvèrent pour satisfaire cette exigence était en pente. Samuel commença le chantier avec des techniques d'autoconstruction « pauvres »; les choix de simplification du départ finirent par le gêner: le couple décida d'emprunter davantage.
À l'arrivée, le budget a dépassé de 10% celui initialement prévu. Mais Samuel se félicite de ce changement d'optique: « Je me suis trouvé plus à l'aise avec ces nouveaux choix, plus professionnels, plus proches de mes exigences. » Si c'était à refaire, il emprunterait même quelque 7000 euros de plus pour se simplifier la vie et le chantier. Par exemple, faire appel à une entreprise de maçonnerie. »
Un budget plus confortable aurait aussi permis de doter la grande baie vitrée (15 m² dans une pièce de 24 m²) de volets roulants: une protection contre le froid car le verre faiblement émissif ne suffit pas dans le Jura.

Ambiances croisées

Autre compromis familial: le revêtement bois extérieur. Samuel voulait du mélèze brut non traité; Bernadette du bois déco, clair, donc traité: ils ont fait « 50/50 ».
À l'intérieur, l'ambiance change selon le niveau. À l'étage, « ambiance bois », particulièrement prisée de Bernadette. Au rez-de-chaussée, « ambiance sud » : enduits minéraux, plâtre, terre cuite, chaux... « Chacun a ses espaces qu'il aime, dans lesquels il se retrouve bien. »

Lieu : sur un terrain en pente dans le Jura.
Programme : maison individuelle sur 2 niveaux pour une famille de 4 personnes.
Surface habitable : 130 m² + dépendances 160 m².
Conception : autoconception, avec conseils et aides d'amis professionnels.
Caractéristiques bioclimatiques : forme compacte sur pente nord-sud, enterrée au nord, très développée au sud avec de grandes baies vitrées.
Principes constructifs et matériaux : agglos de ciment pour sous-sol ; structure en ossature bois sur niveaux R+1 et R+2, remplissage en bottes de paille comprimées, en béton de chanvre pour les parois courbes. enduits extérieurs chaux/sable, enduits intérieurs chaux ou terre ; inertie thermique par dalles et murs de refend en terre cuite ; toiture isolée en paille, couverture en tuiles de terre cuite ; finitions en produits biologiques (peintures, lasures...).
Chauffage : solaire passif ; appoint avec un poêle à bois et une cheminée pour l'agrément (un poêle avec bouilleur et radiateurs est prévu, couplé à un capteur solaire thermique).
Gestion de l'eau : projet de récupération des eaux de pluie avec citerne 30 m³ ; fosse septique en attente raccordement au réseau communal.
Eau chaude sanitaire : capteurs solaires prévus.
Électricité : capteurs solaires photovoltaïques reliés au réseau en projet (Hespul).
Bilan chauffage : 8 stères de bois par an.
Durée du chantier : 12 mois sur 1998 et 1999.
Participation aux travaux : autoconstruction estimée à 95 % (avec l'aide d'un salarié).
Coût total : 92 000 euros hors terrain (600 000 F), comprenant 1 an de salaire à 915 euros/mois (6 000 F) pour l'autoconstructeur.
Coût au m² : 183 euros/m² pour les annexes (1 200 F) ; 488 euros/m² pour les surfaces habitables (3 200 F).

Bernadette et Samuel Courgey, Jura.
Bernadette.Courgey@wanadoo.fr

La « maison jaune » a séduit les voisins qui, passé le chantier, ont oublié qu'elle était en paille : « Ils la trouvent belle, chaleureuse pour ceux qui y sont entrés. » La famille se montre plutôt fière : c'est une belle maison.

Les fruits de l'expérience

« En construisant notre maison, nous avons pas mal appris sur tel ou tel détail technique, et puis, on croise chaque jour de nouvelles choses... La maison que l'on construirait aujourd'hui serait donc bien différente, avec des choix sans doute encore plus pertinents. »
Samuel distingue deux façons d'envisager un tel projet. Dans une logique militante, il recommande l'ossature bois et la fibre végétale. Si autoconstruction il y a, « bien estimer ses capacités, voir petit et évolutif ». À noter qu'on peut rencontrer des difficultés auprès des banques si un emprunt est demandé, car celles-ci exigent des devis d'entreprises. Dans une optique non militante, « on se simplifie effectivement la vie en choisissant le monomur en terre cuite. »
À tous, Samuel conseille de « prendre son temps, aller voir des gens compétents, prendre un architecte ou un concepteur ouvert à ces techniques. Et privilégier le confort et la performance thermique avant de s'attacher à tel ou tel matériau. »

Façade sud

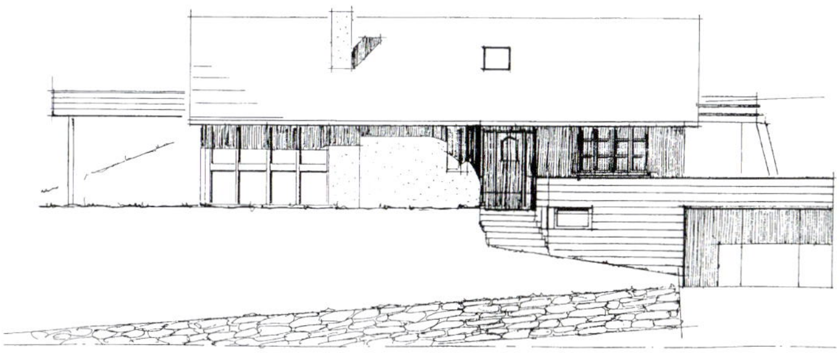

Plan du niveau 1

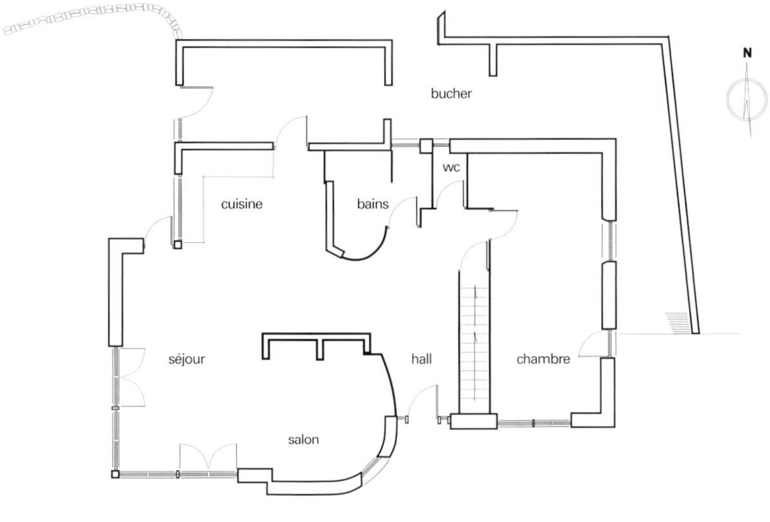

LA CONSTRUCTION EN PAILLE COMPRESSÉE SUR OSSATURE BOIS

La « maison paille » contemporaine n'est autre qu'une maison à ossature bois classique où l'isolant conventionnel est remplacé par des ballots de paille comprimée. Issu d'une presse agricole type « moyenne densité » classique, chaque ballot, après une rectification à la scie, est pris en sandwich entre deux poteaux et des liteaux. Enfermé ainsi dans un « cadre » en bois, aucun tassement dans le temps n'est à craindre. Ensuite, spécificité de ce remplissage qui nous fait penser aux techniques « monomur », un simple enduit traditionnel à base de chaux naturelle sera appliqué directement sur la fibre et viendra ainsi finir le mur et le protéger du feu et de l'humidité.

Le principe de construction est simple, la difficulté étant de gérer de manière très soignée les points sensibles tels que angles, hauts et bas de murs, entourages de baies : l'étanchéité à l'eau doit être parfaite.

L'utilisation de la paille compressée dans la construction est connue et maîtrisée aux États-Unis depuis l'invention de la botteleuse agricole au XIXe siècle. Désormais, avec les problématiques environnementales insistant sur l'écobilan des matériaux (entre autre CO_2), leur efficacité réelle, y compris dans le temps, leur contribution à laisser un air intérieur de qualité (pas de dégagement COV*, parois perméables à la vapeur d'eau...), l'utilisation de la paille comme base pour les isolants thermiques futurs semble avoir de véritables atouts. Ce d'autant plus que la paille est quasi gratuite.

Page de gauche : au rez-de-chaussée, enduits à la chaux, plâtre et carreaux de terre cuite.
Ci-dessus à gauche : les murs en bottes de paille avant la pose des enduits.
Ci-dessus à droite : les parois courbes sont constituées d'un lattis et d'un remplissage avec un mortier de chanvre et chaux.

Une maison cohérente, à l'image de ses propriétaires

Le chantier de cette grande maison fut porté par l'enthousiasme de la découverte. Avec, à l'origine du projet, la volonté de contribuer à l'édification d'un monde plus économe, plus respectueux de l'environnement. Le climat de sérénité qui se dégage de la réalisation a aidé à créer des liens de voisinage, autour de choix que l'étiquette « écolo » cataloguait comme peu crédibles.

Détail du carrelage dans le hall.

Annie Bertrand a tiré un livre de l'expérience de la construction (voir bibliographie), vécue dans le bonheur, en dépit d'inévitables surprises pas toujours agréables. Pour témoigner : « Nos amis, nos collègues de travail, s'attendent à voir une cabane, et se rendent compte que c'est beau, rationnel, économique. "C'est ça, une maison écolo ? Mais pourquoi on ne nous le dit pas ?" » Elle raconte vivre « entre deux mondes : mes origines paysannes et les sphères de décision socio-économique ». La maison lui permet d'être en cohérence avec ses idées. « Le déclic s'est fait il y a une quinzaine d'années : j'ai entendu Christian Post dans une conférence. Quand l'occasion de construire a été là, j'ai repensé à lui. » Bien que n'ayant pas de racines aussi terriennes, Philippe a toujours eu horreur du gaspillage. Pour eux deux, utiliser des matériaux sains et économiser les énergies vont de pair. Ils sont partis sur un double objectif : « Se faire plaisir et en même temps faire du bien à la planète. »

Interactivité et partage

La collaboration avec le maître d'œuvre, qui a fait appel à la géobiologie* et utilisé des tracés régulateurs*, a pris la forme d'un « dialogue interactif ». Avec Andréas Krewet, d'Akterre, qui commercialise les enduits terre, ce fut aussi source d'enseignements et de joies : « C'est important, un professionnel qui vous apprend à mettre en œuvre. Les conventionnels ne le font pas : le client doit rester en dehors. » Encore faut-il savoir vivre l'échange, « Ne pas avoir une attitude trop consumériste : je paie, donc j'exige », souligne Annie.

Adaptation et compromis

L'idée de départ, c'était une maison de plain-pied, mais elle a été abandonnée, pour épargner un énorme trou au terrain. Résultat : sept demi-niveaux. « C'est plein de charme, mais cela peut-être une contrainte dans les déplacements quotidiens », estime Annie, qui regrette d'avoir à monter un étage pour accéder à l'espace de vie.

La maison n'est pas de plain-pied, malgré l'envie de départ des propriétaires, pour éviter d'éventrer la colline.

« On aurait aimé se payer un équipement parfois plus "design", mais on a privilégié une maison "bio" à une maison à la recherche "esthétique" », explique le couple. Ils jugent les coûts des matériaux écologiques « pour certains trop élevés mais globalement très accessibles ». La brique monomur* a été choisie par souci d'économie, l'ossature bois, avec isolation en laine de lin, restant réservée à la façade sud. L'isolation en laine de cellulose* pour le dernier plancher a elle été choisie à la fois sur des critères de coût et de facilité de la mise en œuvre.

Expérimentation et plaisir

Le couple avait envie de « mettre la main à la pâte » et « d'essayer un peu de tout, pour le plaisir de découvrir ». Certains matériaux furent choisis dans ce but d'expérimentation joyeuse : les roseaux en panneaux et les enduits en terre crue. « On s'est mis à faire des choses qu'on n'aurait jamais imaginé faire. » Philippe garde un souvenir particulièrement agréable de la mise en œuvre des enduits, « d'une grande sensualité ».

LES TRACÉS RÉGULATEURS
L'orientation des constructions a de tous temps fait l'objet d'un soin particulier. Pour les constructions modestes comme les maisons, l'approche était essentiellement empirique : on regardait la course du soleil à chaque saison, on notait d'où venaient les vents et les intempéries, on observait la végétation qui renseignait sur les éventuelles perturbations du sous-sol.
Pour les constructions plus prestigieuses, comme les palais, les monuments commémoratifs ou les lieux de culte, l'architecte avait pour fonction première de construire un édifice en harmonie avec l'ordre cosmique. Pour cela il se basait sur la course du soleil : par l'ombre portée d'un bâton planté en terre, il déterminait les axes nord-sud et est-ouest, et la coudée solaire du lieu, donnée par le rapport angulaire de la lumière solaire selon la latitude, qui fournissait l'unité de mesure de l'édifice; puis il traçait une trame géométrique appuyée sur toute une symbolique, qui constituait l'« architecture invisible » de l'édifice.
De plus en plus d'architectes écologiques adaptent aujourd'hui une part de ces démarches à la construction de nos demeures. Déjà Le Corbusier, à travers le Modulor*, avait tenté une réhabilitation des tracés régulateurs dans les constructions modernes.
Selon Christian Post, « les tracés régulateurs fournissent au concepteur un outil précis et non contraignant pour créer des constructions aux dimensions justes, en résonance harmonique avec l'environnement. »
On ne se sert bien sûr plus de l'ombre d'un bâton pour le relevé des angles solaires mais d'une calculette et de règles trigonométriques, les dimensions finales des plans sont exprimées en mètres et non plus en coudées, mais cette démarche globale permet de créer un lien conscient et harmonieux entre l'homme et son lieu de vie.

Liberté, sérénité, convivialité

Du chauffage solaire, le couple profondément convaincu dit que « c'est une énergie qui nous chauffe magiquement. On sort d'un carcan, c'est la liberté ! » Il reproche cependant au secteur son manque de professionnalisme : « Il a fallu batailler pour obtenir du fournisseur le mode d'emploi de l'installation. Peut-être sont-ils dépassés par leur succès ? Il semble qu'en géothermie, c'est plus professionnel. »
Au grand calme, jouissant d'une vue magnifique, d'une luminosité naturelle (« Il n'y a pas à éclairer ») et d'un espace plus que confortable – Annie juge même la maison trop grande –, les Bertrand s'avouent aussi ravis d'avoir pu créer des liens avec des personnes du hameau : « On parle du potager bio, un autre s'est mis à récupérer l'eau de pluie... ».
La maison est certes originale, mais non marginale, insiste Annie : « Son originalité n'est pas de façade mais sur le fond... elle me ressemble ! » C'est leur première et, espèrent-ils, leur dernière, « une maison en devenir ». Il reste deux niveaux non achevés et ils s'en réjouissent : « C'est important de prendre son temps pour la faire évoluer, de ne pas tout faire tout de suite : sinon, nous aurions l'impression d'avoir terminé notre vie ! »

Les capteurs solaires sont placés sur le toit du garage, un peu en retrait de la maison.

Façade ouest

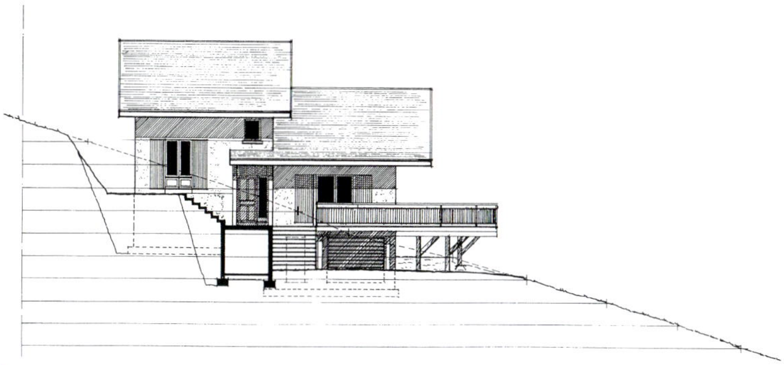

Plan des demi-niveaux 3 et 4

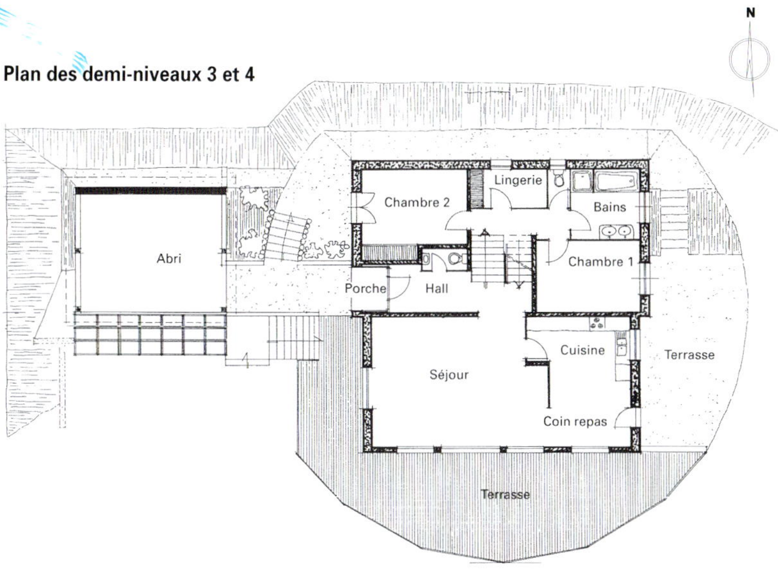

Lieu: Isère, au pied du massif de la Chartreuse.
Programme: maison individuelle, R + 1.
Surface habitable: 200 m² + annexes (265 m²).
Conception: étude géobiologique, tracés régulateurs, conception et suivi du chantier par un maître d'œuvre.
Caractéristiques bioclimatiques: construction étagée sur terrain en pente vers le sud; grands vitrages plein sud; isolation renforcée, doubles vitrages.
Principes constructifs et matériaux: briques monomur de 37 cm; façade sud en ossature bois, isolation laine de lin; charpente et plancher d'étage en bois, poutrelles béton et hourdis terre cuite pour le plancher solaire direct* (PSD); isolation plafond laine de cellulose, parements intérieurs Fermacell*; menuiseries extérieures en sapin du Jura; finitions en produits biologiques (peintures, lasures...) et enduits terre ou plâtre; circuit électrique évitant les pollutions électromagnétiques.
Chauffage: capteurs solaires 13, 5 m² alimentant un PSD de 82 m² et des radiateurs de chauffage central; appoint intégré par gaz naturel.
Eau chaude sanitaire: par capteurs solaires.
Gestion de l'eau: récupération eaux pluviales; citerne de 6000 litres; pompe avec surpresseur pour alimentation WC, lave-linge et jardin.
Durée du chantier: février à septembre 1999.
Participation aux travaux: isolation, enduits terre, quelques finitions.
Coût total: 213429 euros TTC (1400000 F), honoraires du maître d'œuvre inclus.
Coût au m²: 1067 euros (7000 F).
Entreprises spécialisées en écoconstruction: électricité, entreprise Electric Cady; enduits terre, Sarl Akterre; panneaux solaires, Clipsol 21.

M. et Mme Bertrand, BP 82, 38702 La Tronche cedex.
Maître d'œuvre en bioconstruction: Christian Post.

Des voûtes en terre crue dont la beauté se révèle à l'intérieur

Non content de construire lui-même intégralement la maison familiale, Pierre a fabriqué son matériau principal : des briques en terre crue. Le projet, ambitieux, était né de sa passion pour la terre. Il a été soigneusement pensé, organisé et mis en œuvre, en tenant compte d'une donnée importante dans la région, l'humidité.

Chef de chantier de formation, ayant exercé le métier de plombier, Pierre possédait de bons atouts pour se lancer dans l'autoconstruction. C'est sa passion pour la terre qui a présidé à ses choix : il a travaillé pendant un an au Mali et dirigé avec l'architecte Alain Klein un important chantier de terre crue. Pour fabriquer lui-même près de 20 000 briques, il lui fallait des compétences ! Il estime d'ailleurs que c'est essentiel avec les matériaux « non conventionnels ». À ceux qui souhaiteraient se lancer dans l'aventure, il ne délivre qu'un seul conseil : « Commencer par se former. »

Histoires d'eau

Dans cette vallée encaissée du Sud-Ouest, l'élément avec lequel il faut compter, c'est l'eau. Avec une pluviométrie abondante (1 000 à 1 200 mm/an) et un ensoleillement compté, le site subit une forte humidité. Le concours d'un géobiologue a été sollicité, et l'emplacement modifié pour éviter un courant d'eau souterrain.
Avec sa compagne, Pierre exerce l'activité de pisciculteurs-maraîchers bio. Logiquement, le temps accordé à la construction fut celui de non-production, saison froide et journées de pluie : « D'où l'idée, et la nécessité, d'ériger préalablement une "structure parapluie", en l'occurrence métallique avec une couverture en acier, destinée à se garantir des intempéries, et prévue pour être intégrée dans l'architecture définitive de la maison. En revanche, pas d'indemnités intempéries pour l'autoconstructeur, bien abrité ! »

Un chantier bien organisé

Pierre a pris le temps d'organiser soigneusement le chantier, la famille s'étant confortablement installée dans un ancien moulin à eau existant sur le site. Mieux valait, car l'autoconstruction a tout de même duré cinq ans !
Objectifs : utilisation des ressources en matériels et en matériaux disponibles sur l'exploitation même, autonomie, polyvalence des outils. Pour les atteindre, il a fallu penser une mécanisation ingénieuse, centrée sur la briqueterie montée sur place. « L'organisation du chantier a exploité au mieux l'abri offert par le parapluie : la briqueterie a été installée à une extrémité de la

**Page de droite : entièrement tournée vers le sud, la maison emmagasine la chaleur du soleil par l'intermédiaire d'une serre qui court le long de la maison.
La construction en briques de terre crue permet des voûtes, des arcs, des piliers...**

Situation: dans le Sud-Ouest, dans le fond d'une vallée encaissée avec de fortes variations thermiques et une pluviométrie relativement élevée.
Surface habitable: 200 m^2.
Conception: en collaboration avec un architecte, étude géobiologique.
Caractéristiques bioclimatiques: plan en angle largement ouvert sur le sud avec un couloir serre et abrité du nord par des espaces tampons.
Principes constructifs et matériaux: structure parapluie métallique; murs en briques de terre crue faites sur place, voûtes nubiennes, isolation avec des rafles de maïs ou de vieux matelas de laine; isolation du mur nord en terre-paille; couverture en bac acier.
Chauffage: utilisation du solaire passif par le biais de la serre installée au sud et chauffage central au gaz + cheminée et cuisinière à bois.
Eau chaude sanitaire: avec le chauffage central l'hiver, électrique l'été.
Bilan chauffage: 915 euros par an (6000 F) de gaz.
Durée du chantier: autoconstruction étalée sur 5 ans.
Coût total: 68602 euros TTC (450000 F).
Coût du m^2 habitable: 648 euros (4250 F).
Entreprises spécialisées en éco-construction: Inventerre (construction en terre crue), Robinson Tillie (serre).

maison, laissée en attente, et a fourni les briques pour le chantier progressant à l'autre extrémité.»

Tout en rondeurs

Pierre se déclare très satisfait de l'esthétique de la maison. «On avait le désir d'une architecture contemporaine jouant sur les textures et les couleurs des différents matériaux: bois et pans de verre, métal, terre crue, terre cuite.»
Il aime aussi l'«absence d'angles», les briques de terre crue ayant été mises en œuvre sous formes de parois épaisses, d'arcs et de voûtes «bâties selon la technique nubienne, sans coffrage, grâce au pouvoir d'adhérence du mortier de terre. Tous les espaces ont reçu un voûtement massif – coupole sphérique, voûte-chaînette, voûte d'arêtes –, isolé par une bonne couche de panouilles de maïs ou de matelas de laine de mouton usagés.»
Toutefois, Pierre déplore quelques problèmes d'acoustique (réverbération sonore due à des voûtes trop basses).

Serre de communication

La famille a renoncé au chauffage central au bois, qui demandait trop de travail, mais conservé une cheminée à foyer ouvert «pour l'ambiance» et une cuisinière à bois dans la cuisine. Le gaz alimente le chauffage par le sol pour les pièces à vivre, par radiateurs dans les chambres; le solaire passif chauffe la serre. Celle-ci, un long couloir vitré, relie l'aile abritant une vaste salle commune, et celle abritant les chambres en enfilade, toutes orientées au soleil matinal. Elle fait aussi office de serre de production pour les jeunes plants.

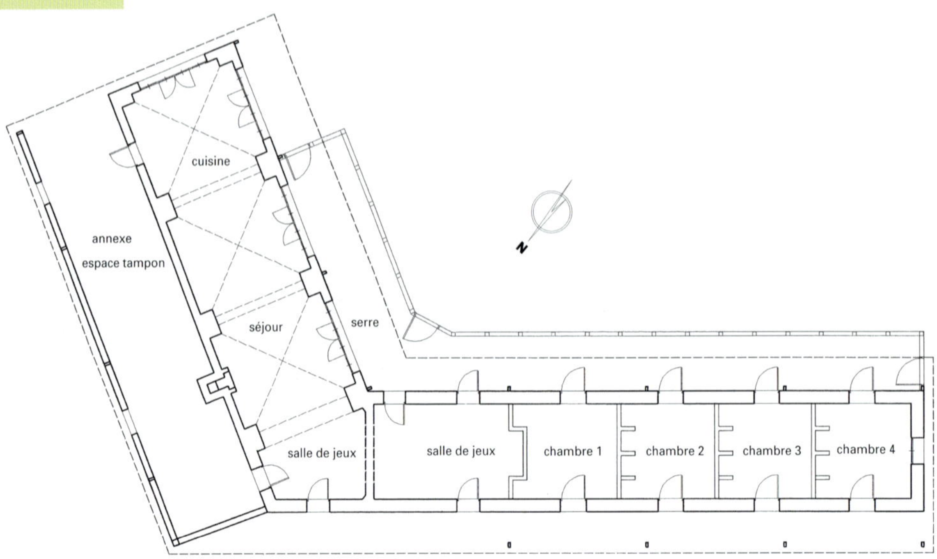

Architecte: Alain Klein, Inventerre. Les propriétaires ont souhaité garder l'anonymat.

BRIQUES DE TERRE CRUE COMPRESSÉE

La brique de terre crue compressée, matériau utilisé pour les murs et les voûtes de cette maison, est une modernisation d'une technique millénaire, celle de l'adobe, brique de terre séchée au soleil, encore très utilisée dans de nombreuses parties du monde. L'évolution technique consiste d'une part à ajouter un peu de ciment (3 à 5%) ou de chaux à la terre, d'autre part à former les briques dans une presse, manuelle ou mécanisée selon l'importance du chantier, en vue de leur donner une forme et des dimensions parfaitement régulières, et de contribuer à l'augmentation de leur résistance à la fois à la compression et à l'action des agents atmosphériques. D'aspect semblable à celui des briques pleines traditionnelles, les briques de terre crue se mettent en œuvre comme ces dernières, avec un mortier fait généralement d'un mélange de terre, de sable, de chaux et/ou de ciment. Un mur en briques de terre crue résiste parfaitement aux intempéries à la condition d'avoir « de bonnes bottes et un bon chapeau », c'est-à-dire d'être protégé des remontées d'humidité par un soubassement, par exemple en pierre ou en briques cuites, et partiellement de la pluie par un débord de toit suffisant. De tels murs peuvent rester apparents aussi bien à l'intérieur qu'à l'extérieur.

Toutes les pièces de la maison ouvrent sur la serre.

Par une belle ouverture en arrondi, la vue de la cuisine plonge directement dans les arbres.

Construire en bois et chanvre en pleine ville

Le point de départ est une petite maison du milieu du XIXe siècle qui ne manque pas de caractère avec son toit d'ardoise en pointe et son œil de bœuf. Une des dernières maisons de ce type dans ce quartier de Grenoble, qui s'est beaucoup densifié. Pour Anne et Jean-François, qui l'occupaient depuis trois ans, il fallait absolument agrandir, avec l'arrivée du troisième enfant.

Anne et Jean-François ont opté pour une démarche écologique, avec utilisation de bois de pays, de chanvre, de vitrages performants, d'enduits à la chaux...

La sensation de bien-être est liée aux matériaux choisis mais aussi à l'ouverture sur le jardin.

Traitée de manière très contemporaine par l'architecte, l'extension n'occulte qu'une faible partie de la façade existante et s'harmonise fort bien avec elle. Jean-François dirige un atelier de conception graphique à Grenoble. Anne est danseuse. Ils voulaient de l'espace, des matériaux chaleureux et qui respirent, pour se sentir bien chez eux. Jean-François connaissait Olivier Duport et ses maisons en chanvre.

« Le matériau nous plaisait ; on a voulu faire travailler Olivier et on l'a imposé à notre architecte. Sans grande difficulté puisqu'il était ouvert à une démarche écologique.

« Nous sommes plutôt citadins ; après plusieurs années loin de Grenoble, nous avons fait le choix d'habiter en ville pour ne plus avoir autant de trajets. Nous avons revendu notre petite maison de campagne pour financer les travaux. Ici, le tram s'arrête juste à côté et on utilise les vélos. Ça change la vie ! »

Côté finances, Anne et Jean-François ont nettement dépassé leur budget. Un chantier en ville coûte plus cher : l'évacuation des 80 tonnes de gravats par exemple ! La ville leur a imposé de rentrer les voitures ; il a fallu prévoir un portail automatique. Pour les égouts, on a tenu à séparer eaux de pluie et eaux usées pour se conformer aux futures normes européennes... Il a fallu changer d'assureur, le nôtre ne voulait pas du chanvre. Par contre, les AGF n'ont pas fait de difficultés.

« Nous avons fait beaucoup de transformations dans la partie ancienne : plancher abaissé dans une pièce du haut, murs refaits, seules deux pièces n'ont pas été modifiées.

« Nous avons discuté tous les choix avec l'architecte et avec Olivier Duport. Il y a eu quelques péripéties pour l'obtention du permis de construire, un problème de séchage de la dalle de chanvre et quelques petites fissures au

Pour l'architecte Gérard Gasnier, qui recherche ce genre de chantier, l'expérience fut très intéressante. « La collaboration avec Olivier Duport s'est bien passée : comme je n'étais pas loin, je passais tous les jours et on a pu décider ensemble des ajustements nécessaires. Je me suis battu pour le permis de construire, dans un premier temps refusé par l'architecte conseil de la mairie pour des raisons esthétiques. Tout ce qu'on me proposait n'était absolument pas fonctionnel et ne correspondait en rien aux demandes du client. J'ai dû défendre mon projet avec conviction, aller voir l'adjoint à l'urbanisme, revenir plusieurs fois. Et même si cela a retardé le début des travaux, le résultat est là : l'extension s'intègre parfaitement au bâti existant, et le client comme le voisinage en sont très satisfaits. »

Situation : façade orientée à l'est, jardin clos de murs d'environ 600 m².
Surface de départ : 110 m² ; extension 90 m² + terrasse en mélèze de 60 m².
Conception : par un architecte.
Choix constructifs : approche bioclimatique pour le séjour avec grande surface vitrée (double vitrage peu émissif) dans l'angle sud-est avec large débord de toiture pour éviter les surchauffes d'été, murs et dalle en chanvre.
Chaudière gaz de ville (avec radiateurs) pour chauffage et eau chaude sanitaire. Régulation et programmation électronique du chauffage (très appréciées).
Matériaux : ossature bois (sapin de pays) ; dalle de chanvre 15 cm sur empierrement 25 cm, recouverte d'un plancher en châtaignier ; mur courbe en béton de chanvre banché, les autres en briques de chanvre, enduits à la chaux sauf quelques murs en ossature bois bardage mélèze, parements intérieurs en plaques de Fermacell* et remplissage chanvre vrac ; huisseries bois (sapin rouge du Nord) pour la partie rectiligne, métal pour la partie courbe ; isolation toiture 25 cm de chanvre ; couverture zinc ; étanchéité terrasse bicouche bitume avec platelage en mélèze (la terrasse est destinée à être en partie végétalisée).
Participation aux travaux : nulle ; architecte assurant le suivi du chantier
Durée du chantier : 6 mois.
Coût total : achat + réhabilitation, 260 000 euros TTC (1 722 000 F) (année 2000).
Coût du m² habitable : achat + réhabilitation, 1 300 euros (8 600 F).
Entreprises spécialisées : maçonnerie, charpente, isolation, Olivier Duport.

niveau des liaisons avec l'ossature bois. Ces petits ennuis mis à part, le chantier s'est bien passé. Dans ce type de projet, il faut choisir un artisan qui connaît bien ces matériaux et leur mise en œuvre. Cela permet d'avoir des rapports de confiance.
« Ce que j'apprécie le plus, c'est l'espace, qui nous manquait cruellement avant, et le côté chaleureux du bois et du chanvre. Avec toutes ces baies vitrées, on se sent un peu dehors, le confort en plus.
« Si c'était à refaire, je ne changerais pas grand-chose. Peut-être que je simplifierais l'électricité et l'éclairage. »
Anne, quant à elle, se sent « en phase avec la maison ». « On y vit bien. L'association bois, chanvre, lumière est pour beaucoup dans cette sensation de bien-être. Cette grande verrière crée une relation fluide entre intérieur et extérieur. »

Plan du rez-de-chaussée

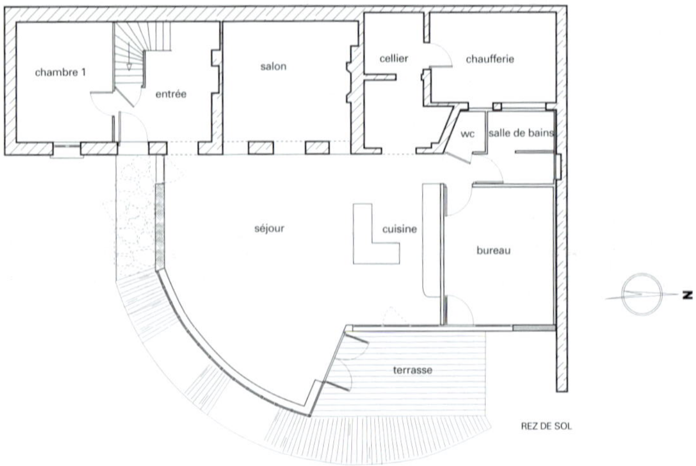

Plan de l'étage

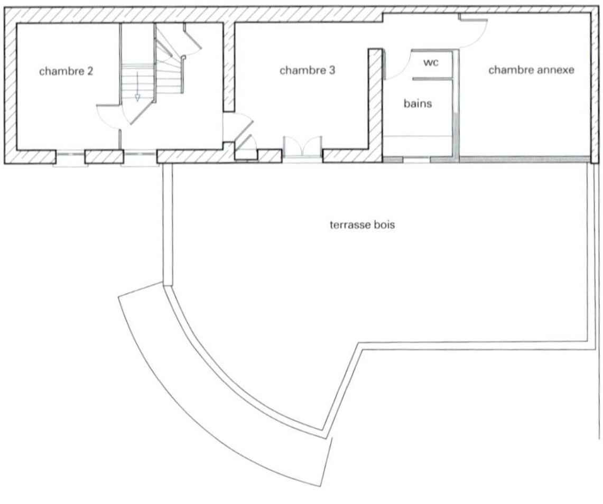

Anne Garrigues et Jean-François Maniglier.
garrigues.anne@wanadoo.fr
Architecte : Gérard Gasnier.

Partie arrondie de l'extension avec débord de toit pour éviter les surchauffes de l'été.

CHANVRE BANCHÉ OU BRIQUES DE CHANVRE ?

D'abord spécialisé dans la charpente et les maisons à ossature bois, Olivier Duport est devenu un des pionniers de l'utilisation du chanvre dans le bâtiment. Il a d'abord utilisé la technique du chanvre banché, le mélange chènevotte-chaux + eau étant déversé et légèrement tassé entre deux panneaux de coffrage pour monter les murs. Cette méthode a pour inconvénient de nécessiter la présence sur le chantier de 3 ou 4 personnes avec un malaxeur, tout en demandant des temps de séchage qui peuvent être longs par temps humide. D'où le projet de lancer avec quelques associés une entreprise de production de briques de chanvre. Malheureusement l'aventure tourne court et se solde par un dépôt de bilan en mars 2000. Mais Olivier Duport parvient à racheter le matériel et relance la fabrication à petite échelle, pour les besoins de ses propres chantiers et pour quelques particuliers. Son matériel lui permet de produire de manière standardisée des briques de 10, 15, 20 ou 30 centimètres d'épaisseur pour des murs, des doublages isolants ou des cloisons. La mise en œuvre sur les chantiers est beaucoup plus simple, une seule personne suffit sans matériel spécifique.
Prochaine étape : la certification technique par le CSTB (Centre scientifique et technique du bâtiment), avec l'aide de plusieurs partenaires.

Bois pour construire, bois et soleil pour se chauffer

Lilo et Fabrice Lelonge se sont donné du temps pour réaliser leur maison. « Écoute » patiente du terrain, étude d'expériences similaires, préférence accordée à la qualité plutôt qu'au moindre coût... Ils ont laissé libre cours à leur goût pour les belles choses bien faites, tout en acceptant des concessions pour ne pas trop se démarquer de leur voisinage.

Fabrice, charpentier, construit « des maisons à ossature bois et en chanvre depuis des années. C'est l'aboutissement de tout un parcours, une logique d'entreprise. Il y avait aussi la volonté de montrer. » Lilo a travaillé dans une librairie alternative en Allemagne : « C'était déjà un rêve de vivre comme ça. Je ne pensais pas que c'était possible pour moi ! » Elle s'avoue choquée par le manque de responsabilité des Français face à l'environnement : « En Allemagne, on parle beaucoup des maladies dues aux matériaux. Beaucoup moins ici. »

Socialement parlant

« On a suffisamment de bois en Europe sans avoir besoin d'"exploiter" les pays tropicaux. » Fabrice travaille les bois de pays, surtout le mélèze, le châtaignier et le pin.

L'ossature de la maison est donc en bois, puisque c'est le métier de Fabrice, et la façade sud en bardage bois avec isolation au mortier de chanvre. Mais les façades nord, vues de la rue, sont en brique et enduites, pour respecter

Les façades vues de la rue sont en briques monomur et enduites pour respecter l'architecture locale.

Les façades sud et est sont en bardage de mélèze.

l'architecture locale et ne pas trop se démarquer. « Je reconnais que d'un point de vue bioclimatique, ça n'est pas l'idéal, mais le choix social a prévalu. » Le couple a en effet choisi de s'installer en zone urbanisée, près de l'atelier de charpentier construit quelques années avant. « Au début, on était assez seuls dans le quartier, puis d'autres sont venus. La question, avant de choisir, était de savoir quel impact sur la vie privée aurait la proximité de l'atelier. On avait un peu peur d'être envahis... Mais ça se passe bien. Les gens sont pour la plupart respectueux. »
La famille partage une microstation d'épuration* avec des voisins, et récupère partiellement les eaux de pluie pour le jardin.

Autoconstruction

Selon les estimations des Lelonge, la maison aurait coûté deux fois plus cher si elle avait été construite par une entreprise.
Un ami architecte leur a apporté son aide pour le dossier du permis de construire : « Il n'était pas spécialisé dans l'écologie, mais sensible. Il a apporté des idées et mis en forme. » Fabrice a fait les plans techniques. Puis, aidé par un ouvrier de la charpenterie, il a passé 15 mois à l'autoconstruction.

Question d'ambiance

La toiture, charpente en sapin, est isolée avec un mélange de chanvre et de chaux, couverte en bac acier. Au regret de Lilo, qui aurait préféré un toit en tuiles de terre cuite.
Le plancher d'étage, également en châtaignier, aurait pu être mieux isolé phoniquement. Comme bien d'autres familles ayant construit leur habitat écologique, les Lelonge vivent beaucoup dans un espace convivial, sans cloisons au rez-de-chaussée. Lilo émet l'hypothèse que « cela peut être une

La maison est chauffée grâce à des capteurs solaires et à une chaudière à bois.

gêne pour une grande famille». Ils n'entendent «que des belles choses» à propos de leur maison. Certains visiteurs la trouvent trop «originale» pour oser suivre la même démarche; mais sitôt passée la porte, beaucoup s'écrient: «Qu'est-ce qu'on se sent bien chez vous!»

Lieu: Drôme provencale, 350 m d'altitude.
Programme: maison individuelle, R + 1, pour 4 personnes.
Surface habitable: 140 m² + annexes 43 m².
Conception: autoconception finalisée par un dessinateur.
Caractéristiques bioclimatiques: maison en L, grands vitrages plein sud et est; isolation renforcée, doubles vitrages.
Principes constructifs et matériaux: monomur terre cuite de 37 cm sur façades nord et ouest; ossature bois en sapin, isolation en chanvre sur façades sud et est; bardage extérieur en mélèze; charpente et plancher d'étage en sapin et châtaignier; isolation toiture en chanvre et chaux, couverture bac acier; cloisons ossature bois, isolation laine de chanvre; menuiseries extérieures en châtaignier; finitions en produits biologiques (peintures, lasures...).
Chauffage: solaire passif + capteurs solaires couplés à une chaudière bois alimentant des plinthes chauffantes.
Gestion de l'eau: récupération partielle des eaux pluviales pour le jardin; assainissement par microstation partagée avec un voisin.
Eau chaude sanitaire: capteurs solaires.
Durée du chantier: construction en 1999 et 2000.
Participation aux travaux: autoconstruction avec l'aide d'un ouvrier.
Coût total: 83847 euros TTC (550000 F), dont 15245 euros (100000 F) pour chauffage et eau chaude sanitaire +15 mois d'autoconstruction à temps plein.
Coût au m²: 610 euros (4000 F) en autoconstruction ou 915 euros (6000 F) à la vente.
Entreprises spécialisées en éco-construction: charpenterie et ossature bois, isolation chanvre, Fabrice Lelonge; dessin d'architecture, Yves Dourneau; chauffage solaire, Yvon Tilloy, EnergiFrance, Solaire Connexion.

Alliance de formes et de matériaux traditionnels et contemporains.

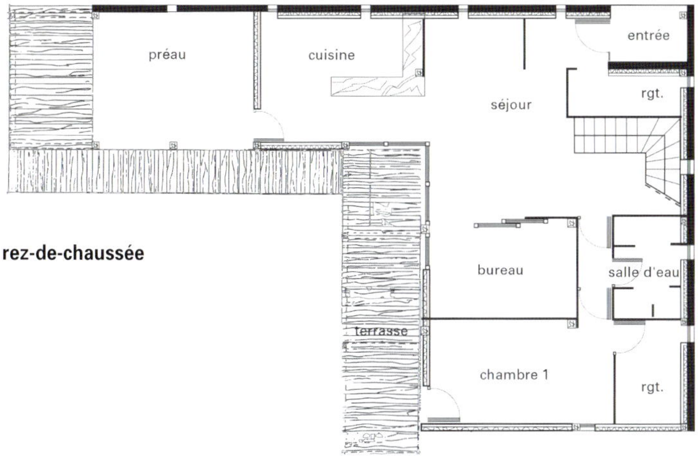

Plan du rez-de-chaussée

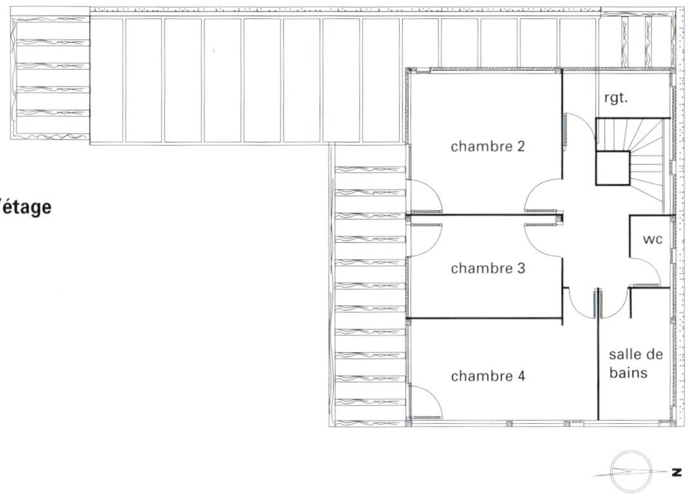

Plan de l'étage

CHAUFFAGE SOLAIRE ET PLINTHES CHAUFFANTES

La production d'eau chaude pour le chauffage de l'habitation (radiateurs) et pour les utilisations domestiques (évier, douche, etc.) peut être obtenue à partir d'un appareillage unique, ayant l'énergie solaire comme base. Le système est basé sur un réservoir central rempli d'un fluide caloporteur (eau), préchauffé par le circuit primaire des capteurs solaires. Un poêle-chaudière d'appoint est couplé à ce dispositif et se déclenche manuellement si la température obtenue par l'énergie solaire est insuffisante. L'eau contenue dans ce réservoir est connectée directement avec le circuit de chauffage central de la maison dont les radiateurs sont tout simplement les murs par l'intermédiaire de « plinthes chauffantes » : situées au bas des murs, ce sont des tuyaux entourés d'ailettes servant d'échangeurs avec l'air ambiant. Cet air réchauffé monte le long du mur par convection, le réchauffe, et c'est ce mur qui à son tour réchauffe les habitants par rayonnement.

La production d'eau chaude sanitaire est assurée elle aussi par le même réservoir central : celui-ci comprend dans sa partie supérieure, celle qui est la plus chaude, un échangeur qui est capable de réchauffer quasi instantanément l'eau dont on a besoin. En plus du confort et de la simplicité d'utilisation, ce système réduit les risques de développement des légionelles car la réserve d'eau chaude reste limitée..

Lilo et Fabrice Lelonge, quartier La Bonté, 26110 Condorcet. Tél. 04 75 27 70 85.

Matériaux sains et chaleur du bois dans un foyer pour handicapés mentaux

Cette réalisation est exemplaire à plus d'un titre. Destinée à l'habitat collectif d'handicapés mentaux – une population habituellement négligée –, elle est le fruit de la collaboration entre une association exigeante et un éco-architecte aguerri. Elle s'intègre dans un projet thérapeutique global tout en s'harmonisant avec son environnement. Pour aboutir à cette réussite, il a fallu franchir bien des obstacles.

Pionnier de l'architecture écologique en Alsace, Jean-Luc Thomas était jusqu'alors spécialisé dans la maison individuelle. Cette importante réalisation a été enrichissante pour lui mais lui a demandé un énorme investissement pour faire face et gérer au mieux les compromis qu'il a fallu mettre en œuvre. N'ayant pas pu choisir ses entreprises habituelles, il a dû dépenser beaucoup d'énergie pour sensibiliser les différents corps de métier aux techniques et matériaux à qualité environnementale préconisés. Pour les entreprises, il fallait changer des habitudes de travail et de gestion des déchets, découvrir de nouveaux produits et adapter de nouvelles techniques. De ce fait, l'architecte devait expliquer la mise en œuvre, assurer le suivi, limiter les retards, obtenir un tri sélectif des déchets de chantier. Avec la satisfaction d'avoir réussi à faire évoluer les pratiques de certains d'entre eux, mais aussi quelques déceptions : ne pas avoir pu utiliser de vraies ardoises en toiture, de peintures bio pour l'intérieur (seulement avec label NF environnement)... Il a fallu aussi composer avec les éléments : si c'était à refaire, Jean-Luc Thomas ferait davantage d'ossature bois et moins de briques sur un tel chantier en moyenne montagne car, contrairement au charpentier, le maçon ne peut pas travailler quand il pleut ou quand il gèle. Pour lui, le vrai changement dans le bâtiment viendra de nouvelles formations professionnelles sur la qualité environnementale dans la construction, par la revalorisation du travail manuel et des métiers du bâtiment, et enfin par la considération de l'ouvrier.

Le foyer Les Sources accueille des handicapés mentaux adultes, certains travaillant, d'autres ne le pouvant pas. On y pratique la méthode thérapeutique appelée sociothérapie, inspirée de Rudolf Steiner, qui combine une vie communautaire en petites unités, un travail utile et valorisant, des activités culturelles et artistiques (Art-thérapie), des thérapies personnalisées (bains, massages, entretiens...) et un mode de vie sain (activités nature, nourriture bio). Pour son directeur Bruno Jacquemin, la démarche écologique est au centre du projet : « Il s'agissait de créer un lieu vivant et chaleureux conciliant fonction thérapeutique, santé, environnement bénéfique et qualité de vie. J'ai pu constater que les handicapés mentaux lourds, comme les autistes, sont particulièrement sensibles aux matériaux, aux ambiances et à la pollution électro-

Page de gauche : le plafond de la grande salle avec sa charpente en lamellé-collé. Ci-dessus, deux bâtiments encadrent la grande salle : cette articulation permet une meilleure adaptation au vallon.

magnétique* ou électrostatique*. » D'où l'importance de bannir les moquettes synthétiques et les plastiques, et d'adapter l'installation électrique.

Négociations en chaîne

Si la démarche de l'écohabitat s'imposait comme le prolongement logique d'une approche globale, la réalisation ne s'est pas déroulée sans anicroches. L'architecte choisi, Jean-Luc Thomas, est un spécialiste de l'habitat écologique en Alsace et en Lorraine. Il a passé beaucoup de temps sur place pour étudier le fonctionnement de l'institution et travaillé avec les éducateurs et les éducatrices pour concevoir les aménagements et la circulation. Il a tout pris en charge, depuis l'étude géobiologique préalable à l'implantation, en passant par le montage des dossiers de subvention, jusqu'au suivi du chantier.
Ses propositions ont été discutées par le personnel éducatif et le conseil d'administration de l'association, où siègent des parents et des notables locaux. Convaincre ne fut pas chose aisée quand elles s'avéraient lourdes de conséquences pour le budget. Toutes n'ont pas été acceptées.
Les choix arrêtés, il fallut encore négocier avec les constructeurs. « Cela n'a pas été toujours facile, reconnaît Bruno Jacquemin, particulièrement avec certains artisans locaux qui ne connaissaient pas les matériaux. Il y a eu des retards, quelques malfaçons, des adaptations et des compromis à trouver. Les cloisons intérieures, notamment, où il a fallu se battre pour imposer le

UNE CHAUDIÈRE AU BOIS DÉCHIQUETÉ À ALIMENTATION AUTOMATIQUE

Dans une démarche de développement durable, l'installation d'une chaudière à bois déchiqueté répond à trois critères : économique, social et écologique.
La chaudière a été volontairement surdimensionnée pour alimenter à l'avenir, par un réseau de chaleur enterré, un autre bâtiment actuellement chauffé au fioul.
Le choix s'est porté sur une chaudière Comte fabriquée dans le centre de la France, de 100 kW (jusqu'à 130 kW avec des plaquettes de bois bien sèches) et qui donne entière satisfaction. Elle assure un chauffage basse température par le sol pour toutes les pièces du rez-de-chaussée et par des radiateurs pour les chambres, afin d'éviter la circulation d'eau sous les lits. Un silo cylindrique de 60 m^3 assure une alimentation automatique pendant une durée variant suivant les besoins saisonniers. Malgré son coût élevé (206 000 euros) cette installation s'avère performante et économique : 2,13 euros par m^3 chauffé, contre 3,35 euros avec du fioul.
Le combustible est réalisé par des compagnons handicapés travaillant au sein d'une petite structure d'entreprise créée pour l'occasion. La quantité de combustible non utilisée pour chauffer les bâtiments est revendue à d'autres installations similaires dans le canton. Les déchets de bois proviennent de coupes forestières et permettent de valoriser du bois qui serait brûlé ou abandonné sur place par les bucherons, tout en favorisant l'entretien des sous-bois et sentiers touristiques.

Fermacell*, mais accepter des rails métalliques et une isolation laine de roche, pour des questions de coût, face à l'obstruction du plâtrier. »

Parfaitement intégrés dans le paysage

En dépit des problèmes, et des mois de retard qu'ils occasionnèrent, toute l'équipe s'avoue satisfaite du résultat, fruit du travail collectif mené dès la conception avec l'architecte.
Bruno Jacquemin, non seulement travaille, mais habite sur place, dans les nouveaux bâtiments. Ce qu'il y apprécie particulièrement ? « La luminosité et la fonctionnalité des pièces, par contraste avec les anciens bâtiments. L'efficacité et la caractère économique du chauffage au bois ». Il a quelques regrets : « Le parquet collé de la grande salle, choisi pour des raisons d'économies, provoque des réverbérations acoustiques désagréables. Mais des adaptations phoniques avec des tentures sont en cours. »
Le directeur estime très réussie l'intégration du bâtiment dans le vallon, malgré ses grandes dimensions. Et puis ces nouveaux bâtiments ont permis de créer 11 emplois d'encadrement et 2 à 4 emplois de handicapés, faisant monter à 25 le nombre total d'emplois.

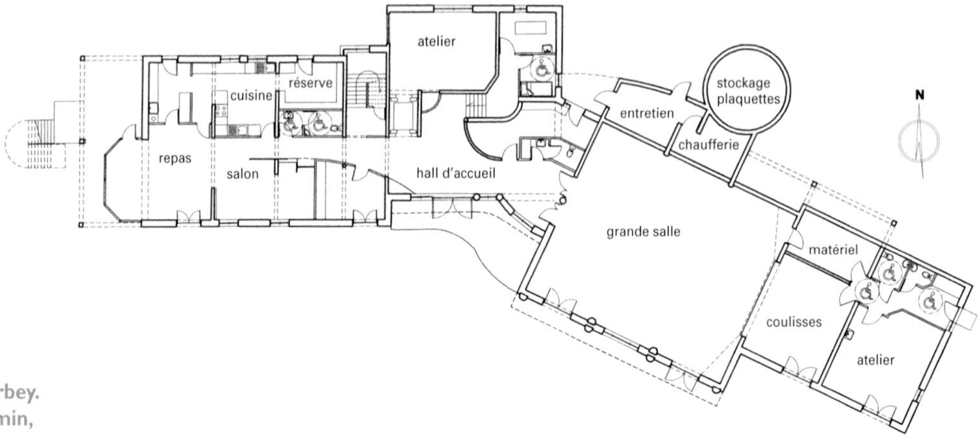

Foyer Les Sources, 68 Orbey.
Directeur Bruno Jacquemin, tél. 03 89 71 34 72.
Architecte : Jean-Luc Thomas.

La façade de la grande salle qui relie les deux bâtiments est en bardage de mélèze.

Plafond de la grande salle : chaque détail a été soigné.

Lieu : le Val d'Orbey est un site de moyenne montagne, à 700 m d'altitude. Le terrain est orienté sud-est, en pente assez forte. Deux bâtiments sur trois niveaux avec toiture à deux pentes s'inspirant des fermes locales encadrent une grande salle centrale.
Surface : 1235 m^2. Les bâtiments accueillent 12 chambres pour adultes handicapés, 4 studios thérapeutiques pour handicapés travaillant à l'extérieur, deux appartements d'éducateurs, des chambres de stagiaires et toutes les fonctions communes : restauration, grande salle, ateliers, salles thérapeutiques. L'orientation et les ouvertures sont conçues pour optimiser les apports de lumière naturelle ; salle à manger dotée d'une véranda au sud, doubles vitrages, bonne isolation.
Matériaux : maçonnerie en briques de terre cuite de 37,5 cm d'épaisseur, mortier spécial roulé* (épaisseur 1 mm) ; chaînages d'angles, ferraillages des dalles béton et toutes structures métalliques reliées à la terre. Isolation plaques de liège sous les dalles du rez-de-chaussée. Bois des Vosges pour la charpente, le bardage extérieur (mélèze) et les menuiseries extérieures (pin). Bois massif pour la plupart des aménagements intérieurs (très peu de mélaminé). Couverture (Natura) imitation ardoise naturelle (ciment–poussière d'ardoise–cellulose). Isolation rampants et plafonds : ouate de cellulose insufflée (Warmcell). Cloisons, plafonds et rampants en plaques de Fermacell* (gypse + cellulose). Sols en carrelage et linoléum. Câblage électrique minimal dans les chambres, distribution dans les cloisons par le haut. Enduits extérieurs à la chaux avec sable local et peintures minérales Keim.
Chauffage : par chaudière à plaquettes bois 100 kW à alimentation automatique à partir d'un silo de 60 m^3.
Eau chaude sanitaire : assurée par 33 m^2 de capteurs solaires thermiques (Clipsol) situés sur le toit de la grande salle pendant les 3-4 mois d'été où la chaudière est arrêtée (avec appoint électrique en cas de besoin).
Gestion de l'eau : eau des toits récupérée dans une mare qui sert de réserve pour l'arrosage des jardins. Les déchets de cuisine sont compostés avec les déchets verts. Tri sélectif des autres déchets par 5 containers.
Durée du chantier : 18 mois.
Coût total : 1 578 968 euros TTC (10 360 000 F) soit 1 278,50 euros le m^2 habitable (8 386 F) financés pour moitié en fonds propres par l'Association d'aide aux adultes handicapés, maître d'ouvrage, avec des subventions du conseil général, de la région (pour le HQE), de l'Europe (FEDER, zone 5b) et de l'ADEME (énergies renouvelables).

Une toiture végétalisée pour cette maison lauréate du concours Maisons solaires

Pour leur retour « au pays » au moment de leur retraite, les Giraud voulaient une maison la plus écologique possible. Partis d'un projet simple, ils ont accepté les choix esthétiques audacieux de l'architecte. La réalisation, qui allie tradition des matériaux et modernisme de l'équipement, s'intègre exceptionnellement bien dans le site. Elle a été récompensée en 1998 par le Grand prix du jury du concours « Maisons solaires, maisons d'aujourd'hui ».

Une des originalités de cette maison est sa toiture végétalisée, une solution trop peu utilisée en France.

Les formes arrondies de la construction s'harmonisent avec celles du paysage.

Ayant effectué toute leur carrière dans la région parisienne, Hélène et Robert Giraud voulaient s'installer pour leur retraite dans leur région d'origine, le Haut Beaujolais. Ils décidèrent de faire construire une maison sur la prairie d'1,5 hectare dont ils avaient hérité.

Une architecture originale

Sensibilisés à l'alimentation bio et à l'écologie, ils souhaitaient une maison écologique, économe en énergie, et qui participe au développement des filières de matériaux naturels, encore embryonnaires à l'époque.
Ils avaient conçu un plan approximatif, très conventionnel, pour une maison de plain-pied sans escaliers. La rencontre avec l'architecte Yves Perret a fait évoluer le projet de façon déterminante. « Sa proposition nous a d'abord surpris par son originalité. Nous la trouvions très belle, presque trop, craignant un dépassement de notre budget, pourtant confortable. Une fois rassurés sur ce point, nous lui avons fait totalement confiance et approuvé ses choix. »
Un sourcier a testé lui-même l'absence de cours d'eau souterrain pour choisir l'emplacement sur le terrain. Le chantier pouvait débuter...

Des contretemps

Le chantier a duré 2 ans, au lieu des 9 mois initialement prévus !
Premier contretemps : les sapins qui, restés plus de 6 mois sur le sol, étaient piqués. Il fallait donc les traiter – mais pas n'importe comment. « Le charpentier ne pouvait pas changer ses bains de traitements chimiques pour un seul client, mais il a accepté que nous venions nous-mêmes traiter aux sels de bore* nos 40 m^3 de bois, au pinceau, au rouleau et même à la seringue, dans son entreprise, en bénéficiant de ses engins de manutention. Avec une heure de route, à raison de trois journées par semaine, il nous a fallu deux mois ! »
Contrariétés encore du côté du plâtrier, qui avait utilisé des peintures classiques sans rien dire. « Nous avons exigé qu'il décape et recommence avec des peintures bio. »

TOIT VÉGÉTAL ET ÉTANCHÉITÉ
Voici les différentes couches qui constituent la toiture : plafond sapin 4 cm sur solives, forme de pente en béton de vermiculite (6 cm au point bas), 10 cm de laine de roche, membrane d'étanchéité sans chlore soudée à chaud, complexe drainant (plastique alvéolé) pour drainer et retenir le terre sur les parties en pente, 8 cm de terre végétale. Les premiers mois, il y a eu quelques gouttières localisées car l'isolant avait pris la pluie lors de la pose et cette humidité ne pouvait pas s'évacuer à cause de la membrane. Après percement et soudure de 5 ou 6 cheminées d'aération, le problème s'est résorbé. La terre a été ensemencée avec des fétuques qui demandent peu d'entretien, mais elles ont souffert de la sécheresse le premier été puis du piétinement dû à la pose des aérations. Des mousses ainsi que d'autres graminées s'y sont installées. Les Giraud envisagent de regarnir ce toit avec des sédums.

Situation : au sommet d'une colline à l'extrémité du village, exposée à la fois aux regards et aux aléas climatiques.
Surface habitable : 181 m² + garage avec cellier et atelier de 60 m² à l'entrée du terrain, construit sur le même modèle.
Choix constructifs : maison de plain-pied enterrée au nord, ouverte au sud, parfaitement intégrée dans le paysage, soubassement pierre, ossature et bardage bois, toiture végétalisée.
Chauffage : plancher solaire direct et eau chaude sanitaire alimentés par 17 m² de capteurs solaires thermiques (Clipsol) en toiture, chaudière propane et cheminée bois en appoint. L'énergie solaire assure 30 % du chauffage et 63 % de l'eau chaude sanitaire.
Matériaux : pierres récupérées sur place et mortier de chaux pour les soubassements et le mur nord. Soubassements en pierre isolés par l'intérieur avec des plaques de liège et parements en Fermacell*. Poteaux de bois bruts, charpente et plafonds en sapin provenant d'un bois tout proche, coupé en bonne lune et traité aux sels de bore. Autres murs : bardage en mélèze non traité, panneaux de fibre de bois bitumé, isolation ouate de cellulose insufflée, plaques de Fermacell*. Sols en carreaux de terre cuite sur dalle béton, isolée par dessous avec des plaques de laine de roche. Doubles vitrages, menuiseries en mélèze, terrasse en châtaignier, badigeons à la chaux et peintures bio.
Équipement : récupération d'une partie des eaux de pluie pour le jardin, électroménager économe, aspiration centralisée, électricité basse tension dans les chambres pour limiter la pollution électromagnétique.
Consommation d'énergie : électricité : 3 300 kWh par an avec utilisation d'un petit radiateur soufflant à céramique dans la salle de bains. Gaz : 4 000 litres par an. Bois : un stère par an.
Participation aux travaux : faible, traitement aux sels de bore et passage d'huile de lin sur le carrelage et sur les poteaux.
Durée du chantier : presque 2 ans.
Coût total : 246 000 euros TTC (1 614 500 F) y compris le garage cellier.
Coût au m² habitable : 1 359 euros TTC (8 900 F).

Des bonheurs

« Le chauffage par le sol à basse température s'avère très agréable et permet une bonne répartition de la chaleur, témoignent les habitants. Les chambres sont volontairement moins chauffées (circuits distincts chambres-séjour). » La régulation de la chaudière donne priorité au solaire ; il y a deux ballons de 250 litres, un pour le chauffage, l'autre pour l'eau chaude.
Après six années passées sous ce toit peu commun, les Giraud se félicitent de leurs choix. « Nous apprécions particulièrement l'ambiance intérieure, la disposition des pièces. En été, l'avancée du toit protège de toute surchauffe les grandes baies vitrées. » Hélène avoue un faible pour la salle de bains « très lumineuse avec son hublot à double paroi qui dispense un éclairage zénithal du plus bel effet. »
Le couple a d'ailleurs déjà ouvert sa maison aux visiteurs, architectes ou autres amateurs de belles réalisations.

Plan du rez-de-chaussée

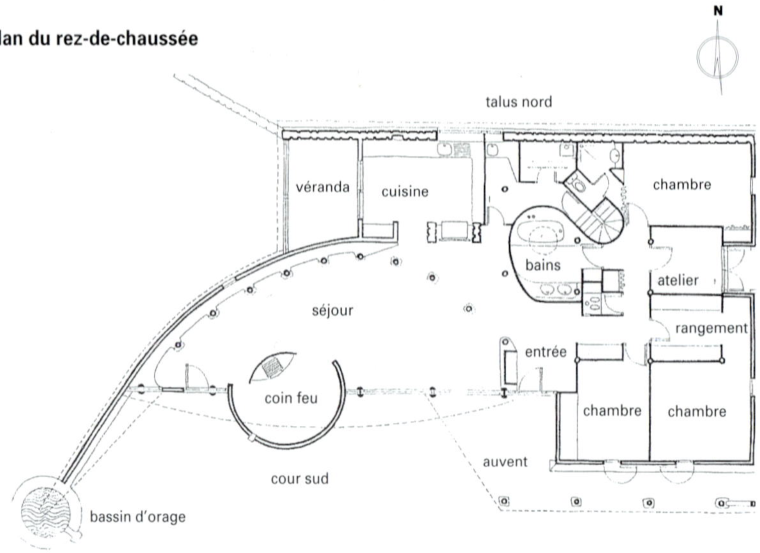

Hélène et Robert Giraud, 69860 Monsols.
Architecte : Yves Perret, Atelier de l'Entre.

Yves Perret, de l'Atelier de l'Entre, construit des maisons de ce type depuis près de 15 ans, même si les trois quarts de son activité sont des chantiers publics. Il garde un excellent souvenir de la collaboration avec les Giraud sur cette maison et de la relation de confiance qui s'était établie. Ne pas avoir à les convaincre de la pertinence de ses choix lui a permis d'aller plus loin dans l'exigence écologique, même s'il regrette aujourd'hui certains choix : certains produits et savoir-faire n'étaient pas disponibles alors. Pour autant, il ne se veut pas un puriste et se méfie des extrémistes de l'écologie. Assez de néo-rustique et de nostalgie du passé, affirme-t-il, il faut s'interroger sur la signification esthétique et symbolique de ce que l'on construit et oser innover.

La cheminée ne sert qu'en appoint, mais elle délimite un espace repos.

Alliance des carreaux de terre cuite, de la pierre et du bois dans la cuisine.

Bois cordé : une manière originale de construire en bois

Ecolo, alternatif et non violent, Jean-Marie Bernier avait depuis longtemps le désir de s'enraciner. L'idée d'une maison saine, belle, économique était parfaitement en cohérence avec ses préoccupations militantes. De nombreuses visites de maisons bioclimatiques lui ont permis de faire un choix original.

« V'là un gars prévoyant, disaient les voisins, il coupe déjà son bois de chauffage alors que les murs ne sont même pas montés ! » C'est en découvrant l'intérieur chaleureux d'une maison en bois cordé* que la décision a été prise. Un séjour au bio-Lopin chez Alain Richard (1) a permis à Jean-Marie Bernier de se familiariser avec cette technique puis de l'appliquer sur le chantier de sa future maison.

Militant pour les énergies renouvelables, les économies d'énergie et la prise en charge par chacun de sa santé, la construction de sa maison a permis à Jean-Marie Bernier de passer du discours à quelque chose de concret.

Le bois cordé présente un rendu original et il est facile à mettre en œuvre.

Un bois bien sec est indispensable pour éviter les problèmes de retrait... et de courants d'air

« Peu à peu, je me suis rendu compte que j'étais porteur d'idées neuves, inconnues du grand public. Il me fallait donc les défendre et cela constituait une démarche stimulante pour avancer. »

Un choix qui réunit beaucoup d'atout

« Le bois cordé, c'est écologique, esthétique, chaleureux, odorant, économique. C'est vraiment une technique à privilégier. C'est l'enveloppe visible de la maison qui doit donner envie à beaucoup de faire ce choix. »

La simplicité du procédé et de sa mise en œuvre, l'absence d'utilisation de grosses machines, la possibilité de le faire soi-même : autant d'éléments qui ont été déterminants.

Après la dalle et l'ossature confiées à des artisans, Jean-Marie prit en main la construction proprement dite de sa maison. Durant le chantier, cette partie d'autoconstruction fut la plus imposante, la plus longue mais la plus gratifiante.

Le bois cordé ne nécessite que très peu d'énergie grise* contrairement au parpaing. Ses constituants (châtaignier local, sable, sciure) ne demandent aucune transformation ni aucun chauffage autre que le soleil. Avec cette vieille technique, peu connue, les murs auraient pu porter la toiture, mais Jean-Marie a opté pour une ossature bois. Le bois cordé permet une ventilation naturelle modérée toute l'année. S'y ajoutent ses qualités hygrométriques et phoniques.

Le concept bioclimatique

Pour tirer le meilleur parti du soleil, énergie inépuisable, la maison est orientée au sud, un carrelage en briques de terre cuite et un mur en briques de terre crue prélevée sur place stockant l'énergie fournie par le soleil. Des espaces tampons sont constitués à l'ouest (vents dominants) par le garage et au nord-est par la chaufferie.

CONSTRUCTION EN BOIS CORDÉ

Le bois cordé, d'origine nordique (Sibérie, pays scandinaves, Québec), tire son nom de la corde, ancienne unité de mesure pour le bois de chauffage.

Le bois doit être coupé en hiver pour faciliter le séchage. Il est ensuite débité en bûches d'une longueur égale à l'épaisseur du mur à construire (40 cm pour un mur porteur d'un étage, 30 cm pour un mur non porteur). Il doit être parfaitement séché (3-4 ans).

Le travail commence avec un soubassement en pierre ou en brique, de préférence au béton, pour éviter que le bois ne soit en contact avec l'humidité du sol.

Les bûches sont placées en travers et assemblées par un mortier végétal. Ce dernier est placé à chaque extrémité sur 8 cm de largeur environ et tout autour de la bûche. On évite ainsi le contact entre les bois qui pourraient glisser l'un sur l'autre.

Le mortier contient un liant (chaux et ciment) et des matériaux inertes (sciure, sable). Le vide créé entre les bûches est colmaté avec des matériaux isolants (copeaux de bois, rafles de maïs, liège, laine, cellulose...).

L'intérêt de cette technique réside en premier lieu dans le coût modique des matières premières utilisées et dans la technique relativement simple de sa mise en œuvre.

Le poêle-bouilleur vient en appoint du plancher solaire.
À l'intérieur, briques de terre crue et bois apparent créent une décoration naturelle.

Des capteurs solaires assurent un chauffage actif de la maison et de l'eau chaude sanitaire. Un ballon stockeur de 1 000 litres réchauffe 170 litres d'eau sanitaire et alimente le plancher basse température du rez-de-chaussée. L'appoint est fait par un poêle-bouilleur à bois.
Le toit est isolé en laine brute de mouton achetée à un tondeur. La laine brute contient du suint qui la protège durablement contre les mites. L'odeur, un peu forte au début, disparaît assez vite. La charpente, les menuiseries, les planchers sont faits avec des essences locales : mélèze, sapin douglas , pin maritime et cèdre.

Une maison apprivoisée progressivement

« Le plus important, c'est qu'elle est comme je l'ai voulue. Et puis, ce n'est pas une étrangère, elle et moi nous avons passé de longs moments en tête à tête. Construire sa maison c'est quelque part mieux l'apprivoiser pour s'en faire une alliée. » Sa clarté, sa chaleur due à la présence du bois procure un sentiment de bien-être. « Il fait bon y vivre. Elle donne l'impression d'avoir déjà vécu, nous disent nos amis. Nous nous y sentons bien. »
« La construction de cette maison nous a beaucoup apporté. D'abord des

échanges fructueux avec les amis dans la même démarche de construction. Ensuite, nous avons la certitude de pouvoir réparer ou modifier. Et puis, les charges sont minimes et notre dépendance énergétique est limitée. »
Jean-Marie Bernier a pris la casquette de l'architecte puis du maître d'œuvre et enfin du maître d'ouvrage. À chaque étape, il a abondement visité, lu, consulté car il n'avait aucune compétence dans la construction. Des conseils ? « Laisser mûrir lentement. Pas de précipitation, le temps doit être un allié. On apprend, on évolue, on change, donc on modifie le projet initial puis les projets modifiés seront retouchés. De toutes façons, à certains moments, il faudra trancher, faire des compromis. »

Plan du rez-de-chaussée

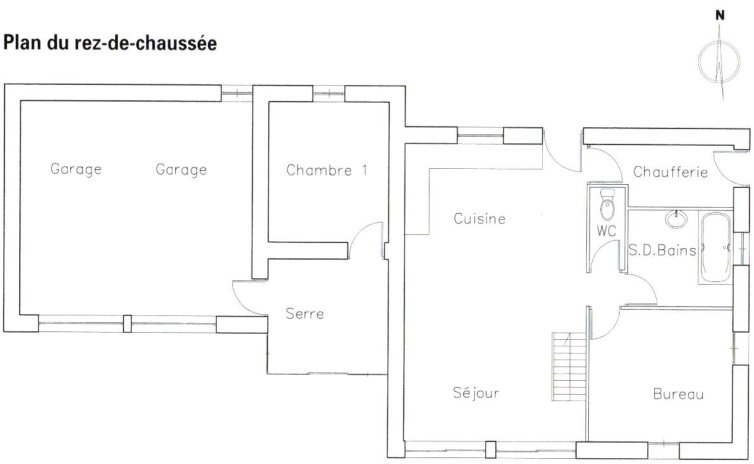

Plan de l'étage

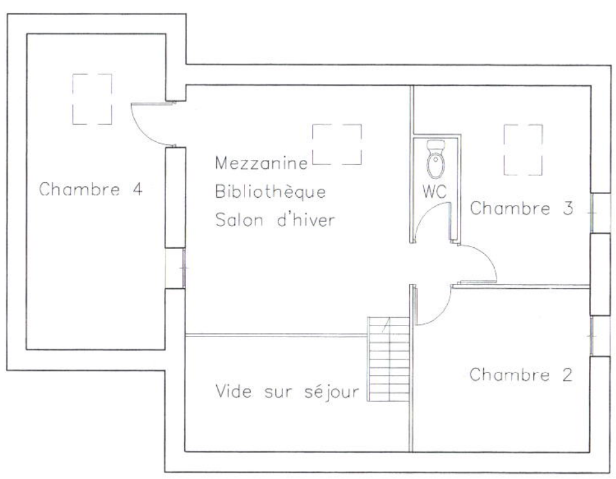

Situation : dans la Vienne, sur les hauteurs d'une rivière dans un environnement de bocages. Climat océanique, pluies automnales et printanières.
Surface habitable : 115 m^2 + garage 32 m^2.
Conception : autoconception.
Caractéristiques bioclimatiques : maison orientée plein sud ; baies vitrées équipées de doubles vitrages, débord de toiture pour protéger du soleil l'été. Maison protégée des vents d'ouest par le garage et par une haie. Vide sanitaire pour préserver de l'humidité.
Principes constructifs et matériaux : bois cordé maçonné à base de châtaignier, ossature et menuiseries en sapin douglas, isolation en sciure ; cloisons intérieures en briques de terre crue ; toiture en tuile canal de terre cuite isolée avec de la laine de mouton ; parquets de mélèze.
Chauffage : solaire passif par l'orientation ; plancher solaire au rez-de-chaussée et radiateurs à l'étage (15 m^2 de capteurs solaires) ; poêle-bouilleur* en appoint. Consommation de 7 stères de bois par an.
Gestion de l'eau : récupération des eaux pluviales prévue avec une citerne de 36 m^3.
Eau chaude sanitaire : liée au chauffage.
Consommation d'électricité : 1 210 kWh/an (appareils basse consommation).
Durée du chantier : 9 mois pour le gros œuvre, finitions après installation dans la maison.
Participation aux travaux : autoconstruction (sauf dalles et ossature, démarrage du chantier bois cordé avec un spécialiste).
Coût total : 92 308 euros (605 500 F).
Coût au m² : 628 euros (4 120 F).

Jean-Marie Bernier,
jean-marie.bernier@libertysurf.fr
Association Spirale -Alain Richard
(stage d'autoconstruction, mur en bois cordé et murs de paille).

Derrière la verrière, des bananiers... et une maison fraîche en été

Concepteur-maître d'œuvre en bâtiment, Patrick Sauvage a lui-même conçu sa maison, prenant conseil auprès d'un thermicien pour valider ses options. Particularité du lieu : 35 m² de vitrage sur deux niveaux en façade sud et une serre centrale ventilée, qui assure un confort thermique en toute saison.

Couvrant la façade sud de la maison sur toute sa hauteur, la verrière permet un jardin d'hiver très exotique.

Économiser l'énergie : un objectif atteint grâce à une verrière de 35 m².

« Ces 35 m² de serre sont un outil technique et un agrément de vie. Ce n'est pas formidable ? » s'enthousiasme Patrick Sauvage. En hiver, le matin, il y fait 12 °C – une performance rendue possible grâce au climat clément des Bouches-du-Rhône. « Il y pousse des bougainvilliers, c'est un vrai jardin d'hiver. On a même déjà mangé nos bananes ! » La verrière est occultable, et en été, « la maison reste fraîche grâce à l'inertie : la serre est ventilée par de l'air capté au nord. » La sécurité est assurée par des volets roulants séparant la verrière de la maison proprement dite. Le tout a coûté environ 6 000 euros.

Objectif : économies d'énergie

Seul inconvénient de la serre : la condensation due au simple vitrage (8 mm). Aujourd'hui, Patrick Sauvage sacrifierait le chauffage central au propane installé « par précaution » (et dont il ne s'est servi que trois ou quatre fois en 3 ans) au profit d'un double vitrage. Il consentirait également un effort financier sur l'isolation de la toiture, troquant la laine minérale (un compromis pour « aller au plus simple ») pour de la laine végétale.

Le solaire passif couvre l'essentiel des besoins thermiques, l'appoint étant assuré par un poêle à bois Jotul, dont la présence a été prévue dès la conception de l'espace intérieur. Le volume compact prévient les déperditions ; un volume annexe protège la maison au nord. Patrick Sauvage a donc atteint son objectif prioritaire : les économies d'énergie. Le choix des maté-

Page de droite : le séjour et le salon donnent sur la véranda. Le mur et le sol de ces pièces stockent la chaleur captée par la véranda.

riaux sur des critères de santé était davantage le souci de sa compagne. Le monomur en terre cuite répondait à ces deux exigences.

Impératif : la confiance en soi

Se définissant comme « de la génération Larzac-Malville », Patrick voulait construire sa maison « en cohérence avec (sa) philosophie de la vie ». La première étape, décisive, lui paraît être de prendre son temps pour trouver le bon terrain : « La difficulté principale est l'accès au foncier. Les terrains sont monopolisés par les constructeurs, qui ne laissent pas le choix à leurs clients. Beaucoup renoncent à leurs exigences écologiques, car les constructeurs imposent leurs techniques. » Démission d'autant moins compréhensible, selon lui, que « si l'aspect des façades est justifié fonctionnellement, les architectes conseils (CAUE) ou les maires sont généralement ouverts. Un bon architecte ou maître d'œuvre doit pouvoir faire passer un bon projet même sans référence au pseudo style local. »
La maison de Patrick, pourtant peu conventionnelle, n'a d'ailleurs pas suscité de réactions particulières dans le voisinage. La famille est, pour sa part, enchantée. Et les visiteurs se demandent pourquoi de telles réalisations ne se rencontrent pas plus souvent.

Façade sud

LA VÉRANDA BIOCLIMATIQUE

La serre (ou véranda) bioclimatique est à la fois un outil thermique pouvant apporter jusqu'à 50 à 60 % des besoins en chauffage selon les régions et les rapports surfaces de vitrage/volume de l'habitation, et un espace architectural très riche, par exemple un jardin d'hiver, où l'on peut nomadiser une partie de l'année.
Thermiquement, la véranda est un espace tampon orienté au sud (plus ou moins 30 °) qui capte le rayonnement solaire. Celui-ci est transformé en chaleur par l'effet de serre. Cet air réchauffé est piégé dans le volume de la véranda qui communique avec l'espace habitable proprement dit, mais peut en être séparé selon les heures de la journée et les saisons.
• En hiver.
Le jour, la chaleur captée par la véranda peut se répandre par convection dans l'habitation. En même temps, les parois de cet espace tampon (murs, dalle...) peuvent stocker des calories qu'elles rendront plus tard par rayonnement. La nuit, les communications véranda/habitation sont coupées. La véranda se refroidit mais son espace-tampon protège l'habitation. Les calories stockées dans ses parois limitent la baisse des températures, ce qui permet de rester la plupart du temps hors gel dans les climats tempérés.
• En été.
Le jour, la véranda est isolée de l'espace habitable. L'ouverture de vitrages bas et hauts permet d'évacuer par convection l'air chaud. La nuit, la véranda peut servir d'extracteur d'air chaud pour l'habitation en maintenant ouvert les vitrages hauts et en ouvrant des prises d'air au nord de l'espace habitable.
Le coût d'une véranda est sensiblement égal à celui du m² de surface habitable, si les protections solaires sont passives et intégrées au niveau de la conception d'ensemble du projet.

Lieu : Pélissanne, Bouches du Rhône.
Programme : maison individuelle, R + 1, pour 3 à 5 personnes.
Surface habitable : 150 m^2 + serre 15 m^2 + annexes.
Durée des travaux : construction en 1998.
Conception : autoconception (concepteur maître d'œuvre en bâtiment).
Caractéristiques bioclimatiques : volume compact pour limiter les déperditions ; véranda centrale avec 35 m^2 de vitrage sur 2 niveaux ; volume annexe protégeant la maison au nord ; ouvertures sur les façades et dans la véranda pour courants d'air en été. Construction à forte inertie.
Principes constructifs et matériaux : briques monomur de 37 cm ; isolation toiture en laine de roche : finitions en produits biologiques (peintures, lasures...), cables électriques blindés.
Chauffage : solaire passif (75 % des besoins) + appoint poêle à bois (Jotul).
ECS : capteurs solaires en projet.
Gestion de l'eau : épuration : raccordement au réseau collectif.
Participation aux travaux : nulle.
Coût total : 146 351 euros TTC (960 000 F).
Coût au m^2 : 976 euros (6 400 F).
Entreprises spécialisées en éco-construction : conception, Patrick Sauvage ; bureau études thermiques, Concept énergie, Robert Célaire.

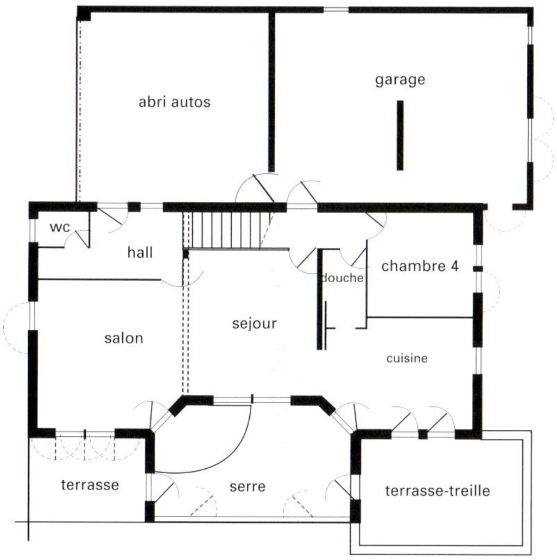

Plan du rez-de-chaussée

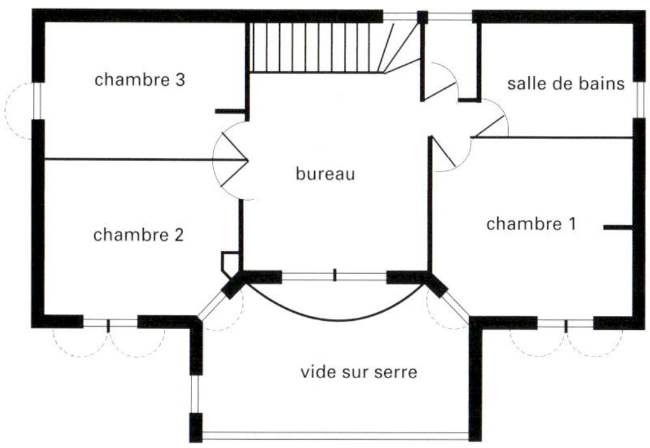

Plan de l'étage

Patrick Sauvage, 13330 Pélissanne.
Tél. (prof) 04 90 42 11 61.

Aux portes de Paris : une maison écologique hors du commun

« Plus qu'une maison réussie, c'est une maison qui garantit la santé future de nos enfants », affirme madame David. Le premier objectif du couple était pourtant l'intégration de la construction dans un environnement remarquable. Ils avaient choisi la dominante bois. L'architecte les a convaincus de pousser la démarche écologique... et l'aventure s'est conclue par un prix au concours des Maisons solaires 2000.

Un terrain minuscule mais idéalement situé sur les bords d'un bras mort de la Seine où ne passent que des canoës kayaks et des canards, sur l'île de la Jatte, à deux pas de Paris. Le jardin planté d'arbres en contrebas appartient au Domaine fluvial, mais les propriétaires en ont la jouissance exclusive. Pour harmoniser la maison avec ce cadre idyllique, ils souhaitent du bois.

Au sud, de larges ouvertures donnent sur un bras de la Seine et le chemin de halage où ne passent que des pêcheurs.

Mais voilà qu'un architecte des bâtiments de France se montre résolument hostile à l'utilisation du bois en façade. Bruno Boschetti, architecte des David, a dû argumenter pendant près de 6 mois pour obtenir le permis de construire. Il a utilisé ce délai pour convaincre ses clients de la possibilité d'utiliser des produits et matériaux naturels dans le bâtiment, plus respectueux de l'environnement et de la santé, sans nuire au confort, bien au contraire.

Madame David a été particulièrement sensible à ses arguments, notamment quant aux effets à long terme de certains matériaux conventionnels sur la santé. Les affaires de l'amiante, de la dioxine, de la vache folle, largement reprises par les médias pendant le chantier, les ont confirmés dans leurs choix. Ils n'ont eu qu'à s'en féliciter.

Un terrain très étroit en bordure de Seine, des contraintes de construction, mais un charme certain.

Au nord, côté rue, bardage en cèdre rouge.
Côté Seine, grandes baies vitrées sur deux niveaux (avec vide au-dessus du séjour).

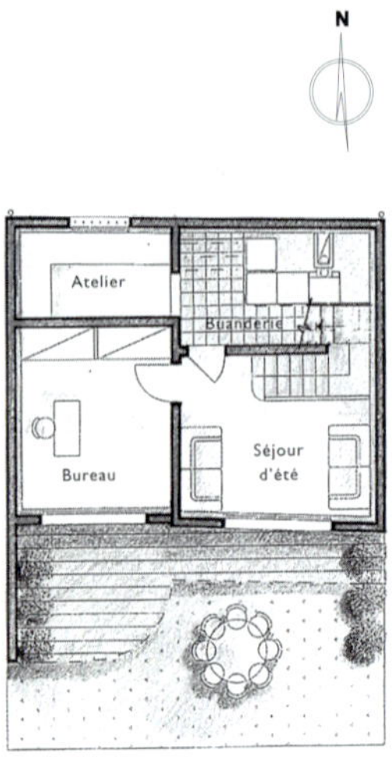

Plan du rez-de-Seine

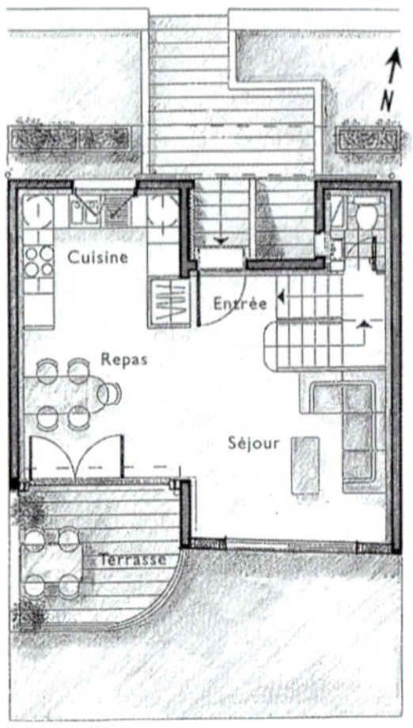

Plan du rez-de-chaussée

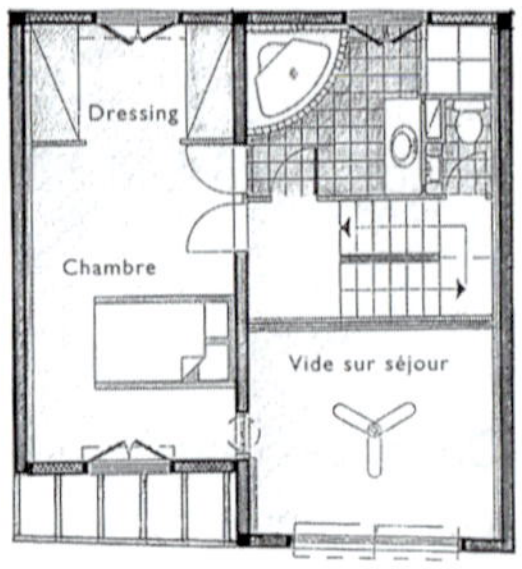

Plan de l'étage 1

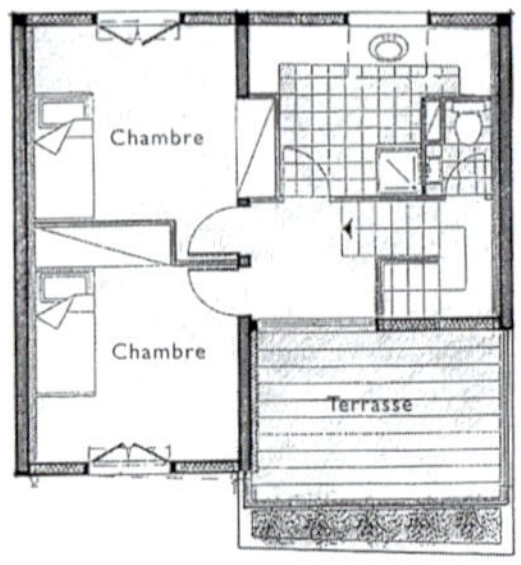

Plan de l'étage 2

Souvenirs de l'architecte Bruno Boschetti...

Bonnes surprises

« Je n'avais prévu que des matériaux naturels au départ, et pensais devoir être amené ensuite à faire certaines concessions. Ayant réussi à convaincre les propriétaires et à ne pas dépasser le budget – assez confortable il est vrai – je n'ai pas eu à en faire. »

Inévitables conflits

« Le chantier n'a pas été de tout repos, avec les habituels conflits entre une entreprise générale pas à la hauteur et des artisans sous-traitants ne connaissant pas les matériaux... Et impossible d'obtenir un chantier propre. Heureusement, il y a eu de bons artisans, notamment le menuisier, et le résultat final n'a pas déçu. »

Ruineuses précautions

« Les contraintes n'ont pas manqué, à commencer par les fondations spéciales, avec des pieux enfoncés à 14 mètres de profondeur pour ancrer le bâtiment dans les berges et qui ont "plombé" le budget de 15 245 euros. Le sous-sol théoriquement inondable est aménagé dans une enveloppe de béton avec cuvelage, pompe de relevage automatique, équipements électriques à 1,10 mètre de hauteur... »

Alternatives

«Que ferais-je autrement aujourd'hui ? Pas grand chose, hormis renoncer au bois exotique des fenêtres, sans garantie sur son origine ; et aux panneaux de cellulose, difficiles à découper, que je remplacerais aujourd'hui par du chanvre en rouleaux. Je regrette également d'avoir manqué d'espace : pour moi, il en manque environ 10% dans chaque pièce et cela aurait pu être compensé en sacrifiant une pièce, ce que les propriétaires n'ont pas voulu. Malgré tout, la distribution de l'espace reste un des points forts de cette maison où chaque niveau est pourvu d'une extension horizontale (terrasse) ou verticale (vide sur séjour) qui atténue l'impression d'être un peu à l'étroit. »

Coup de cœur

« La lumière naturelle est généreusement dispensée dans toutes les pièces par pas moins de quinze ouvertures et grâce à des cloisons réduites au strict minimum. Les arbres de la berge forment un filtre naturel et vivant qui tamise la lumière pénétrant par les grandes baies vitrées du séjour, sur deux niveaux. »

Situation : terrain de 42 m² très en pente, rez-de-chaussée surélevé côté rue et sous-sol théoriquement inondable en rez-de-Seine, prolongé par un jardin avec de grands arbres qui domine le chemin de halage où ne passent que des pêcheurs.
Surfaces : 120 m² habitables sur 4 niveaux + 16,50 m² de terrasses et 50 m² de jardin.
Choix constructifs : orientation sud pour les grandes ouvertures des pièces principales et les terrasses. Petites ouvertures au nord, côté rue. Volume compact et encadré par des maisons mitoyennes de même gabarit. Isolation renforcée.
Chauffage et utilisation du solaire : apports solaires optimisés, chaudière gaz haute performance énergétique, régulation automatique par sonde dans le séjour, radiateurs avec robinets thermostatiques. Ballon préparateur d'eau chaude 130 litres en direct sur la chaudière. Celle-ci peut être éteinte en été, un système électrique d'eau chaude instantanée prenant alors le relais.
Matériaux : béton avec cuvelage en sous-sol, parpaings creux pour les murs mitoyens doublés de panneaux de cellulose de 100 mm (Homatherm). Façades à ossature bois avec bardage en cèdre rouge, panneaux de cellulose (160 mm). Murs intérieurs en panneaux de gypse Fermacell*. Charpente en sapin, isolation toiture avec 160 mm de panneaux de cellulose. Couverture en ardoise naturelle d'Angers. Menuiseries en bois rouge exotique imputrescible. Double vitrage 4/12/10 à isolation acoustique et thermique renforcée. Parquets chêne et érable ciré. Peintures naturelles.
Équipement : ampoules fluo-compactes, récupération des eaux fluviales, WC à double commande, robinets lave-mains équipés de temporisateurs. Évier équipé de 5 compartiments de déchets. Alimentation électrique en épi et non en ceinturage. Ferraillages de la structure mis à la terre.
Durée du chantier : 9 mois .
Coût total : 228 000 euros TTC (1 495 000 F) y compris les fondations spéciales avec des pieux de 14 mètres de profondeur.
Coût au m² habitable : 1 900 euros TTC le m² (12 463 F). Un prix beaucoup moins élevé que celui des autres maisons de l'île .

M. et Mme David.
Architecte : Bruno Boschetti.

Salvatierra, le premier immeuble écologique collectif en France

La résidence Salvatierra, avec ses 40 logements de deux à six pièces, a été édifiée dans une ZAC (Zone d'aménagement concerté) se distinguant déjà par un aménagement respectueux de l'environnement. Matériaux naturels et technologies de pointe y ont été mis au service de la santé et de la qualité de vie des habitants, conviés à s'impliquer dans le déroulement du projet, puis dans le suivi des performances. Une expérience exemplaire, et parfaitement reproductible.

À l'initiative de la ville de Rennes, la Coop de construction a répondu en 1997 à un appel à proposition du programme Thermie de la Commission européenne pour le projet Cepheus – et son projet a été sélectionné. Comme ses quatre partenaires européens, la coopérative, qui se désignait comme maître d'ouvrage, s'engageait à construire un ensemble de logements utilisant des techniques innovantes dans le respect de la Haute qualité environnementale* (HQE) et ayant des performances énergétiques, anticipant ainsi les normes européennes.

Associer tous les partenaires

Un projet d'une telle envergure nécessitait évidemment une scrupuleuse préparation. « Nous avons choisi comme architecte Jean-Yves Barrier, qui possédait une longue expérience de l'architecture bioclimatique, explique Thierry Wagner, directeur de la Coop de construction. Puis nous avons créé un comité de pilotage, comprenant des représentants des partenaires institutionnels et des chercheurs de l'INSA (Institut national des sciences appliquées). »

La coopérative maître d'ouvrage accompagne la conception et fait réaliser des simulations thermiques et dynamiques. Elle rédige un cahier des charges, puis sélectionne des entreprises : « Cela passait par une action pédagogique auprès des artisans. Nous avons choisi ceux qui étaient ouverts à comprendre et à appliquer les choix. »

L'information auprès des entreprises se poursuivra durant la réalisation, rendant possible une collaboration fructueuse. Seul le tri pour récupération des déchets de chantier posera problème – parce que d'autres chantiers déversent dans les bennes des déchets non triés.

Optimiser les choix

Pour obtenir le label Habitat passif*, il faut faire la preuve d'une faible consommation en énergies, sans que ce soit au détriment du confort des habitants. Le principe du chauffage collectif dans la résidence Salvatierra consiste à récupérer les calories de l'immeuble par une ventilation à double flux, le complément étant apporté par le réseau urbain, *via* le retraitement de déchets. Des capteurs solaires sur 90 m^2 fournissent l'eau chaude sanitaire. Pour optimiser le système, l'emplacement de l'immeuble (comme de tous ceux de la ZAC) a été étudié en fonction des vents dominants, et est protégé par des plantes. Un volume compact, l'isolation efficace de l'ossature bois (bauge* au sud, bardage bois et laine de chanvre au nord) optimisent le système. La réduction de consommation d'énergie est estimée à 75 %.

Favoriser la convivialité

Des chercheurs associés au projet analysent les performances et échangent les expériences avec les partenaires européens. Les habitants aussi participent au suivi de l'exploitation : cela fait partie à la fois du programme défini par la Commission européenne, et des principes fondateurs de la Coop de construction. Ils ont notamment été soutenus dans l'achat groupé d'appareils ménagers à faible consommation, et une enquête sociologique sur 3 ans recueille leurs témoignages.

Façade sud en bauge (mélange terre-paille) et capteurs solaires en toiture.

Car la résidence Salvatierra n'innove pas pour le prestige, mais pour le confort et le bien-être de ses habitants. L'accès aux appartements se fait par des escaliers et des coursives extérieurs, côté jardin, ce qui favorise la convivialité. Les matières respirent, les couleurs sont chaudes. « Cela a beaucoup intéressé les élus, raconte Thierry Wagner. Ils n'étaient pas convaincus qu'on puisse produire sur ces bases une architecture de qualité. »
Ils le sont à présent si bien que les opérateurs des tranches suivantes de la ZAC seront tenus d'adopter un nouveau cahier des charges, imposant par exemple, outre des capteurs solaires et une réflexion sur la gestion de l'eau, que toutes les pièces humides soient éclairées naturellement. Finies, les salles de bains « boîtes » ! C'est, mine de rien, une autre façon de vivre qui s'ébauche.

Les appartements ouvrent sur de grands balcons orientés au sud.

Pas de couloirs intérieurs, l'accès aux appartements se fait à l'air libre.

UNE VISION CITOYENNE DE LA MAÎTRISE D'OUVRAGE

Depuis 1983, la Coop de construction, promoteur-constructeur du secteur de l'économie sociale, est engagée dans une démarche citoyenne. Pour son directeur Thierry Wagner, le développement durable implique un choix de société, où les facteurs humains comptent tout autant que les facteurs environnementaux.
La Coop de construction prend en compte toutes les étapes de l'histoire d'un bâtiment : conception, construction, maintenance et même destruction éventuelle. Les choix participent de la même logique globale de développement durable : l'emploi préférentiel de matériaux locaux contribue au développement économique ; le souci de la santé des ouvriers constructeurs comme des habitants évite les surcoûts sociétaux ; le recyclage des déchets de chantier et les économies d'énergies répondent à des exigences environnementales.
Pour chaque chantier, les futurs habitants sont associés à la création d'une Société civile coopérative de construction. Cette option participative permet d'économiser la marge du promoteur, donc de baisser de façon notable le coût des appartements, et par là de favoriser la mixité sociale. Elle permet aussi d'agir sur les comportements individuels en matière d'environnement : informés des choix de construction et de ce qui les motive, les acheteurs prennent conscience des enjeux. D'où une participation plus active à une bonne maintenance, comprenant une gestion économe de l'eau et des énergies. Les échanges entre copropriétaires en sont facilités et y gagnent en qualité.
Profondément convaincu de la justesse de ces choix, Thierry Wagner les défend auprès des professionnels du bâtiment comme auprès des acquéreurs : « Nous essayons de convaincre les entreprises d'utiliser d'autres matériaux. C'est un combat, mais on progresse. »

TÉMOIGNAGE D'UN HABITANT

Les Gréhal ont acheté sur plan : « On ne voit rien, on devine, on fait confiance, résume Fabrice. C'est l'occasion qui a fait le larron. J'étais muté à Rennes, on devait se loger. Un des acheteurs s'est désisté, le prix était très, très accessible... On n'avait pas pensé à un appartement écologique. De toute façon, cela aurait été difficile puisqu'il n'existait pas d'exemple d'habitat collectif de ce type ! » Ils occupent, depuis l'inauguration en octobre 2001, un 4 pièces, ouvrant sur un balcon de 10 mètres de longueur.

À l'usage, Fabrice aime le calme de l'environnement, le confort thermique (malgré l'arrivée d'un bébé, les régulations électriques d'appoint n'ont quasiment pas été utilisées cet hiver), la beauté des matières naturelles. Sans pouvoir affirmer que les matériaux en sont la cause, il ressent une impression de bien-être dans cet habitat. Il apprécie aussi les coursives de communication : « Il n'y a pas de couloirs intérieurs, rien n'est fermé, tout est très bien aéré, on est à l'air libre... Ça ajoute à la convivialité. Les liens sont différents. »

Cette convivialité, Fabrice confirme qu'elle a été favorisée par les réunions avant, pendant et après la construction, pour impliquer les copropriétaires dans le projet et son suivi. « On partage des impressions. Tout le monde sait qu'on habite dans une résidence innovante. Ça n'empêche pas des désaccords. Sur la température ambiante à adopter, par exemple ; chacun la voudrait à son goût. » Mais de ceux qui avaient acheté un appartement ou un duplex pour l'occuper eux-mêmes, personne n'est parti.

Fabrice Gréhal n'a pas souffert des quelques dysfonctionnements de mise en route. Il les juge « très minimes », comparés à l'audace du projet.

Les façades nord, est et ouest sont couvertes d'un bardage en épicéa peint en usine.

Des éléments préfabriqués en bauge (mélange terre crue-paille) constituent les murs de la façade sud.

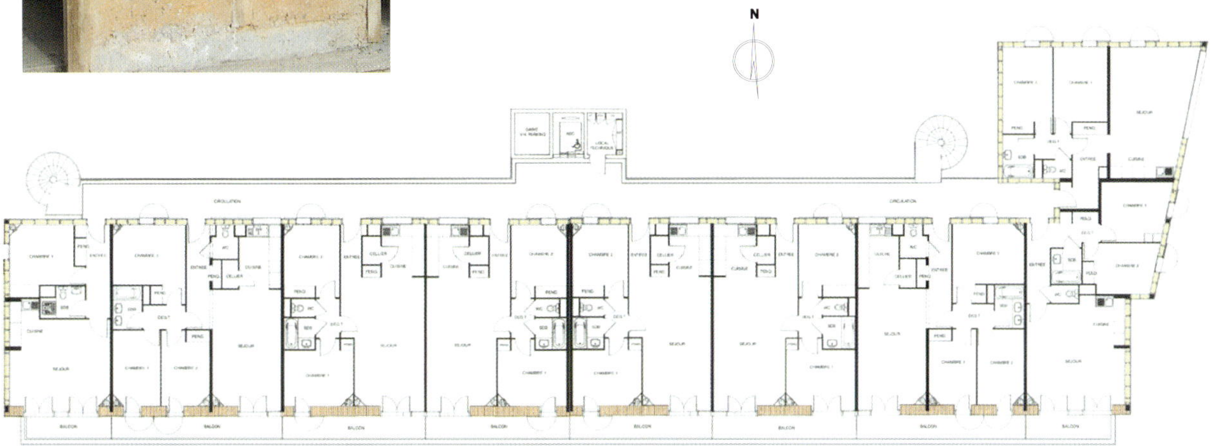

Situation : ZAC de Beauregard à Rennes ; orientation façade principale plein sud.
Programme : 40 logements expérimentaux et 3 logements conventionnels, du deux au six-pièces.
Surface habitable : 3 100 m² ; quatre niveaux courants, duplex en attique, parking en sous-sol.
Choix constructifs : volume compact, utilisation passive et active de l'énergie solaire, étanchéité à l'air renforcée, isolation thermique en laine de chanvre, doubles vitrages avec lame d'argon, matériaux naturels et finitions saines.
Matériaux : structure mixte béton-terre-bois ; refends en béton banché ; dalles pleines en béton surfacé ; façades est, ouest et nord, panneaux à ossature bois avec isolation en laine de chanvre ; façade sud en bauge* ; menuiseries extérieures en mengkulang ; bardage en lames d'épicéa de Silverwood et Eterclins d'Eternit ; couverture, parties courantes en bacs acier prélaqués, terrasses en étanchéité multicouches.
Chauffage : par air grâce à un échangeur à haut rendement de ventilation double flux ; appoint par chauffage urbain et convecteurs de faible puissance.
Eau chaude sanitaire : capteurs solaires Clipsol en toiture. l
Équipement : ventilation double flux avec échangeur à récupérateur de chaleur, chauffage complémentaire de l'air neuf par le réseau urbain, capteurs solaires pour l'eau chaude sanitaire.
Consommation d'énergie : chauffage, 14,9 kWh/m²/an ; consommation globale, 40 kWh/m²/an.
Durée du chantier : nov. 1999 à juin 2001.
Coût total : 2,439 millions d'euros TTC (16 MF).
Coût au m² habitable : 787 euros TTC (5 161 F).

Architecte : Jean-Yves Barrier, Tours.
Maître d'ouvrage : Coop de construction, Thierry Wagner, Rennes.
Bureaux d'études : Oasiis, Aubagne (énergie), BSO, Saint-Brieuc (structure).
Entreprises : Beltrame (gros œuvre), Guillorel (bauge), Ceb 35 (charpente), Goni (peintures), Grosdoigt (plomberie, chauffage), Lenain (isolation), Février (menuiseries extérieures), Clipsol (capteurs solaires).

Terre cuite et chaux pour reconstruire une maison en ruine

Pour Françoise et Christian De Bock, construire une maison écologique, « c'était dans l'ordre des choses », un prolongement des choix déjà faits dans l'alimentation et la santé. Ils tenaient à respecter la forme et les matériaux d'origine de la ruine en pierres qu'ils entreprirent de rénover en 1992. La terre cuite y occupe une place importante.

Restauration « bio », donc : briques monomur de terre cuite, linteaux bois, parquets en douglas... « Même les résines de scellement sont bio ! » Sur la qualité des matériaux, le couple n'a accepté aucun compromis. Même si des

Restaurée dans l'esprit du lieu, la maison est simple et accueillante.

considérations financières les ont parfois conduits à renoncer à leur idée première, par exemple, pour le toit, à opter pour le liège expansé de préférence au chanvre en vrac, plus difficile à poser. Question de principe – mais aussi, surtout, de désir. Françoise et Christian De Bock apprécient aujourd'hui la sensualité des matériaux adoptés, la beauté de leurs textures et couleurs, le « mariage » réussi de leur maison avec l'environnement, qui en font une petite « oasis ».

Autoconception et autoconstruction

Aucune étape de la construction n'a échappé aux De Bock. Ils n'ont pas fait appel à un architecte pour les plans, mais ont bénéficié des conseils techniques de Jean-Pierre Oliva. Ils ont également rencontré un géobiologue, sans suivre toutes ses suggestions. Expérience faite, Christian conseillerait « d'aller visiter des maisons déjà réalisées dans un esprit similaire pour discuter avec leurs propriétaires, et de faire appel à un conseiller en bioconstruction ». Françoise De Bock reste fidèle à un principe : « Imaginer comment on va vivre dedans. Concevoir activement les plans. Faire en fonction de ce qu'on sent, de ce qu'on veut, aller jusqu'au bout sans se laisser impressionner ou décourager. » « Beaucoup, à la vue de l'état de la ruine, ont pensé que c'était impossible. »

Carreaux de terre cuite, poutres apparentes et enduits à la chaux : des matériaux simples, bien adaptés au lieu.

Situation : nord Drôme, au pied du Vercors.
Programme : reconstruction d'une ruine sur deux niveaux pour un couple et 3 enfants accueillis.
Surface habitable : 140 m^2+ annexes (atelier, four à pain collectif...).
Conception : autoconception aidée d'un conseiller technique.
Caractéristiques bioclimatiques : maison en longueur ouverte au sud et adossée au nord à un mur mitoyen ; projet de véranda.
Principes constructifs et matériaux : monomur terre cuite de 37 cm, linteaux bois, isolation sols et toiture en chanvre ; charpente et bois de structure en douglas non traité, parquets en douglas ; menuiseries en bois de pays (chataîgnier et chêne) ; finitions en produits biologiques (peintures, lasures...), enduits à la chaux ; circuit électrique évitant les zones de repos dans les chambres.
Chauffage : solaire passif ; appoint avec un insert à bois (Jotul) et réseau d'air chaud, complété par chauffage central au gaz.
Gestion de l'eau : récupération des eaux pluviales en projet pour le jardin ; fosse toutes eaux et épandage souterrain.
Durée du chantier : gros œuvre 1992, finitions 1993.
Participation aux travaux : autoconstruction totale avec très peu d'aides.
Coût total : 76 225 euros TTC (500 000 F), y compris achat ruine et terrain 12 196 euros (80 000 F) + 2 années de travail à temps complet.
Coût du m^2 habitable : 545 euros (3 572 F).

Il a fallu en rabattre, sur la hauteur du plafond à l'étage, pour cause de mitoyenneté. Les réticences ont été vaincues : « Aujourd'hui, tout le monde trouve la maison vivante, d'une beauté simple, possédant une âme et une belle énergie. Les gens s'y ressourcent. »

Problématique chauffage

Christian s'est très peu fait aider : un peu de manutention et de conseils techniques. Le chauffage, par exemple, point qui leur a causé quelques soucis. « Au début, nous avons placé un insert à bois avec petit réseau d'air chaud, qui était déjà utilisé dans la maison que nous louions et où nous ne voulions pas de chauffage électrique. » Mais ce système ne convenait pas à la forme allongée de la maison, car pas assez central ; de plus, il produisait trop de poussière. Le poêle à inertie* en faïence convoité est trop cher, et ils n'ont pas le temps de le monter eux-mêmes. Finalement, au bout de six ans, le choix s'est porté sur un chauffage central au gaz : « Nous sommes une famille d'accueil, et le chauffage ne peut pas être trop "rustique" », explique Christian.

Un goût d'ailleurs

Des projets ? Les De Bock souhaiteraient rajouter une serre au sud ; également récupérer l'eau des toitures pour créer un lieu où l'eau circule (fontaine, vasques vives...). Moins poétique mais non dénué d'importance : il leur manque un toit pour leur auto !
Christian a rebâti un four à pain écroulé à 20 mètres de la maison ; il en a fait la base d'une association qui fournit du pain bio à une cinquantaine d'adhérents. Son style, très inspiré de l'architecture musulmane avec ses arcs et sa coupole, ajoute au côté « oasis » du jardin.
Françoise a été marquée par sa découverte de la terre cuite, largement employée pour les murs et pour la décoration. « La prochaine maison sera peut-être en terre crue », prédit-elle.

L'insert à bois intégré dans un habillage moderne sert d'appoint en demi-saison.

Les carreaux de terre cuite en décoration dans la salle de bain lui donnent une touche chaleureuse.

Plan du rez-de-chaussée

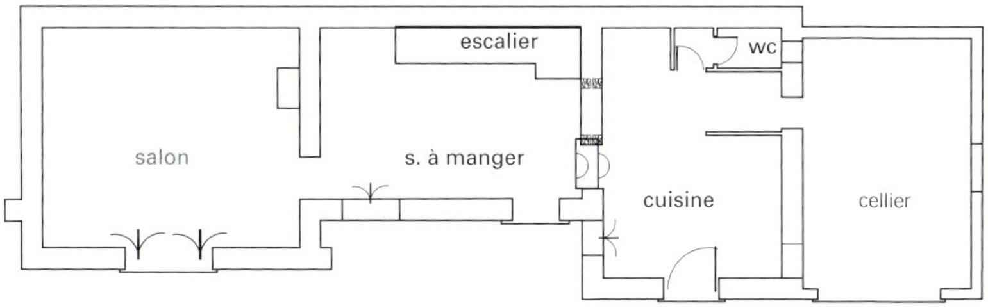

Plan de l'étage

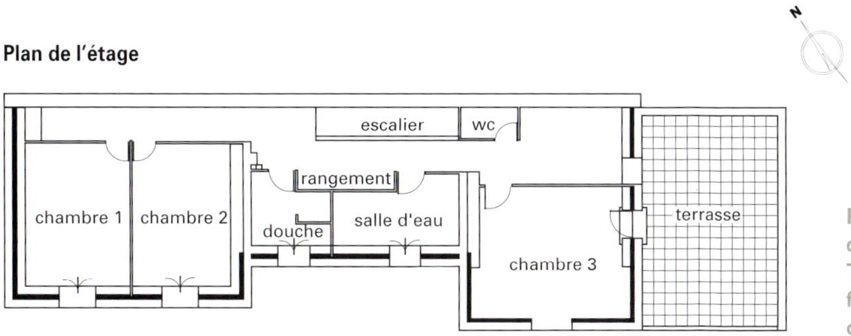

Françoise et Christian De Bock,
quartier Les Badots, 26300 Marches.
Tél. 04 75 47 32 12.
frandebock@wanadoo.fr
chrisdebock@wanadoo.fr

Une maison en rondins de bois brut rustique mais confortable

Est-ce d'avoir beaucoup fréquenté la forêt pendant son enfance ? Pierre Ginouvès s'est pris de passion pour les constructions en rondins de bois brut, au point d'en faire son métier. Pour lui, c'est tout simplement un matériau magique, à la fois porteur, isolant et d'une beauté sans pareille. Le choix écologique est venu après le choix esthétique. Mais aux yeux de sa clientèle, il n'a pas moins d'importance.

Construite en 1997, la maison des Ginouvès sert de maison-témoin pour l'entreprise de construction. Avec des clients séduits par l'esthétique particulière de la maison en rondins et qui la jugent compatible avec leur environnement.
Gros atout du bois : totalement renouvelable et biodégradable, sa production ne consomme pas d'énergie. Sa mise en œuvre pour ce type de construction est assez simple et ne nécessite ni grosses transformations, ni outillage sophistiqué.

La préparation

L'essence utilisée est le sapin douglas du Limousin qui a été beaucoup planté depuis 50 ans en France dans les terrains granitiques.
Les grumes non écorcées sont stockées et choisies en fonction de l'avancement de la construction. Chaque tronc est d'abord écorcé à la main pour ne pas abîmer le cambium (couche périphérique de bois en formation) qui est relativement imperméable et va donner l'aspect final du bois. Le tronc est ensuite coupé à la longueur voulue et présenté sur le mur. Les lignes de contact avec le tronc du dessous sont alors tracées avec un compas spécial et ce joint est ensuite taillé à la tronçonneuse afin que les deux troncs soient bien jointifs.

Le montage

Les joints entre rondins sont comblés avant la pose avec des lanières de laine de mouton texturées de 8 cm d'épaisseur et 10 cm de largeur, fabriquées à Limoges par Textinap. Seul le premier rang de troncs est fixé à la dalle par de grosses tiges filetées. Le reste tient par le seul poids des troncs et par leur croisement.
La maison est prémontée dans l'entreprise, et le client vient la voir pour que soit décidé l'emplacement des gaines électriques. Tous les bois sont numérotés et emmenés sur le chantier. Certains clients équipés d'une grue peuvent faire le montage eux-mêmes, une personne restant quelques jours pour l'assistance technique. L'économie est dans ce cas de 15 à 20 %.

La taille et l'assemblage des rondins sont effectués en atelier.
C'est le croisement des rondins qui assure la stabilité de l'ensemble.

UNE MAISON QUI SE TASSE EN SÉCHANT

En trois ou quatre ans de séchage, un mur en rondins de 2,70 mètres de hauteur va perdre 10 à 12 cm. Cela pose des problèmes qu'il faut prévoir dès la conception, pour les portes et les fenêtres mais aussi pour les poteaux, les escaliers, les conduits de cheminées, les montées et les descentes d'eau. Les linteaux doivent donc prévoir un jeu suffisant rempli de laine (qui se tassera progressivement) et un système de coulissement vertical à l'extrémité des rondins. Les poteaux doivent être assez éloignés des murs et posés sur une tige filetée avec écrou et rondelle. Prévoir 15 cm de débattement et faire descendre un peu l'écrou tous les 6 mois. Si l'on souhaite un étage, l'escalier doit pouvoir glisser sur son pied (lui donner une pente un peu plus forte au départ), il faut prévoir des flexibles sur les arrivées d'eau et des manchons avec joint à lèvre souple pour les évacuations. Heureusement, la longueur des troncs, elle, ne varie pas! Par contre, même lorsque le bois est bien sec, il continuera à subir quelques variations: il gonfle lorsque le temps est humide pour retrouver ensuite son volume initial. La rançon d'un matériau vivant.

Le bois est un élément décoratif aux possibilités infinies.

De nombreux avantages

Ce ne sont pas des maisons totalement étanches à l'air. Le bois et la laine respirent et permettent des échangent d'ait entre l'extérieur et l'intérieur sans pour autant que l'on sente des courants d'air. Pas besoin de ventilation mécanique contrôlée : même dans la salle de bains, il n'y a jamais de condensation sur les murs.

Les Ginouvès apprécient particulièrement l'ambiance protectrice et chaleureuse de cette maison, son confort thermique été comme hiver. L'intérieur a été recouvert d'une lazure incolore pour conserver plus longtemps au bois sa belle couleur blonde. On peut aussi passer de l'huile de lin ou des lazures colorées.

Les plus anciennes maisons en rondins scandinaves ont trois ou quatre siècles. Celles de Pierre Ginouvès sont aussi conçues pour durer. Mais elles ne doivent pas rester inoccupées plusieurs années à cause de l'humidité, et parce qu'il faut surveiller les éventuelles attaques d'insectes.

Le risque d'incendie est d'autant plus réduit que le bois est massif.

La structure peut supporter toutes sortes de toitures, y compris les plus lourdes, lauzes ou toit végétal.

Quelques contraintes

Du fait de la couleur du bois, les pièces sont un peu plus sombres que la moyenne et il faut un éclairage d'appoint par temps couvert, surtout si toutes les cloisons intérieures sont comme chez les Ginouvès en bois massif.

Seul le bois vert se travaille facilement à la tronçonneuse. Mais les insectes l'adorent – d'où le difficile problème des traitements de préservation. Faute d'avoir trouvé un produit bio suffisamment efficace, l'entreprise a sélectionné, avec le Centre technique du bois, un produit insecticide et fongicide classique parmi les moins toxiques. Il contient 0,05 % de perméthrine et 0,15 % de propiconazole en solution aqueuse (sans solvant). Le tronc est traité au pulvérisateur sur toutes ses faces ; la pénétration n'est pas facile, du fait de la relative imperméabilité du cambium, mais une partie de la solution aqueuse peut se mélanger avec l'eau présente dans le bois.

Plan du rez-de-chaussée

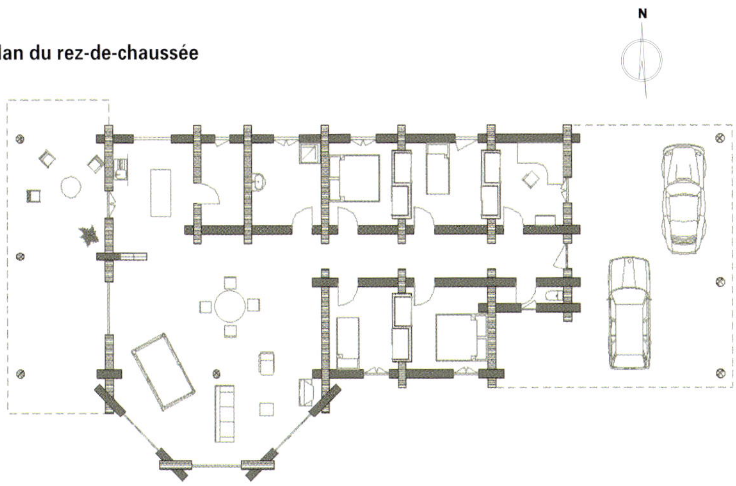

Situation : vallonnée en bordure de forêt à 550 m d'altitude, à 20 km de Limoges, façade principale plein sud en bas de pente. Climat venté relativement froid et humide l'hiver.
Surfaces : 170 m² habitables + 35 m² de terrasse abritée à l'ouest et un garage de 50 m² à l'est.
Choix constructifs : maison en rondins de bois sans étage, seulement un grenier de stockage, sans ouverture. Principales ouvertures au sud avec avancée de toiture pour se protéger du soleil d'été.
Matériaux : murs en troncs de sapin douglas du Limousin ; dalle de béton sur sol très drainant, isolation sol en polystyrène extrudé avec chape chauffante et carrelage dans toutes les pièces ; joints entre rondins en laine de mouton (Textinap) ; cloisons en rondins ; plafond en sapin du nord brut, isolation laine de mouton 2 x 100 mm ; menuiseries en bois exotique mais P. Ginouvès propose depuis des menuiseries en douglas d'une entreprise proche ; doubles vitrages anti-effraction 8-12-4 (pas de volets). Couverture : bac acier.
Chauffage : électrique rayonnant par le sol à basse température. Choisi pour sa simplicité et l'affichage très précis des consommations, utile pour une maison témoin ; un second compteur étant dédié au seul chauffage.
Consommation d'énergie : chauffage : 13 000 kWh/ an soit 861 euros (5 650 F/an) ; autres usages de l'électricité : 7 200 kWh/an, soit 500 euros (3 280 F) (chauffe-eau, éclairage, électro-ménager pas particulièrement économe). Souhaite installer des capteurs photovoltaïques en toiture.
Participation aux travaux : importante avec utilisation du matériel de l'entreprise.
Durée du chantier : préfabrication de deux mois dans l'entreprise, les bois sont numérotés, démontés, et emmenés chez le client. Le montage prend une à trois semaines à 3 ou 4 personnes.
Coût : Prix de vente estimé : 190 500 euros (1 250 000 F) ; lui a coûté environ la moitié.
Coût au m² habitable : entre 1 050 euros (7 000 F) et 1 300 euros (8 500 F) le m².

Propriétaire-maître d'œuvre : Pierre Ginouvès, Aaland.

En Alsace, une maison modulaire à colombages, mariant tradition et modernité

Les Pfleger ont bâti leur maison sur un terrain de famille, au cœur d'un village alsacien. Colombages, toiture pentue « à nez cassé » recouverte de tuiles : elle respecte fidèlement le style de la région. Pourtant, elle est en partie préfabriquée, une curiosité qui a d'abord provoqué le scepticisme du voisinage. Gros atout dans cette région au climat rigoureux : une excellente isolation.

L'intérêt des Pfleger pour les influences telluriques* et des champs magnétiques a été éveillé lors d'une excursion au Mont Sainte-Odile. Un sourcier y

La maison a été livrée en panneaux avec colombages et crépi.

Une ouverture dans le toit judicieusement placée apporte de la lumière à l'escalier et au palier.

UNE CERTIFICATION POUR LES PRODUITS UTILISÉS EN HABITAT SAIN

Le centre d'études Bio-Espace axe son travail actuel sur la mise au point de protocoles pour les produits utilisés dans l'habitat sain. Différents critères sont pris en compte basés sur les fonctions fondamentales des occupants de la maison. En effet, certains matériaux sont supportables par l'environnement mais sont peu enclins à favoriser la santé des habitants.
Ainsi, une paroi (sol, mur, toit) doit répondre à plusieurs exigences :
– respirer : c'est-à-dire permettre le transfert de l'air intérieur-extérieur ;
– transpirer : permettre à la vapeur d'eau de s'évacuer de l'intérieur vers l'extérieur ;
– utiliser des produits locaux, peu transformés et biodégradables ;
– être perméable aux champs électromagnétiques naturels (éviter les cages de Faraday*).
Une fois ces protocoles établis, Bio-Espace a pour objectif de mettre en place une certification pour les produits utilisés en construction écologique.

a expliqué et fait expérimenté aux participants les influences du terrain sur les habitants des maisons. La démonstration convainc le couple, qui, en plus d'un choix de construction écologique, fait siennes ces préoccupations.
Sur ces entrefaites, il rencontre M. Florian et M. Vandaele, de Bio-Espace. Le terrain de famille sur lequel il souhaite bâtir est dûment sondé. On ne peut y déplorer qu'une faille sismique et une veine d'eau. Qu'à cela ne tienne : on modifie légèrement les plans, de façon à ce que seules des pièces de passage (le garage et la salle de bains) se trouvent au-dessus de ces anomalies.

Des solutions techniques originales

Les Pfleger ont fait totalement confiance aux choix de matériaux et aux solutions techniques proposés par Bio-Espace. Leur maison est la deuxième, après celle du maître d'œuvre, a avoir été construite selon l'« éco-system » breveté par l'entreprise. « Les panneaux de bois font la hauteur d'un étage, sur 1,34 mètre de largeur, explique Damien Pfleger. Ils sont réalisés en atelier. Vous commandez le nombre de panneaux en fonction de la conception de la maison. Ils nous ont été livrés avec le crépi et les colombages. » Ce mode de construction inhabituel a suscité une vive curiosité. Celle-ci perdure vis-à-vis de la maison – mais est devenue bienveillante.

Lieu : près d'Obernai, dans un village alsacien..
Programme : maison individuelle, R+1 pour une famille de 4 personnes.
Surface habitable : 140 m² + annexes.
Conception : système inventé et développé par Bio-Espace.
Caractéristiques bioclimatiques : forme compacte, orientation ; isolation renforcée , doubles vitrages, zones tampon au nord (annexes).
Principes constructifs et matériaux : colombage apparent en mélèze ; panneaux modulaires en ossature bois et contreventement intégré ; enduits extérieurs sur panneaux de laine de bois respirant, sans colle, sans dégagement de formaldéhyde ; remplissage de ouate de cellulose projetée ; plaques de gypse armé type Fermacell* côté intérieur. Charpente traditionnelle pré-assemblée en sapin des Vosges, traitement non toxique. Toiture en tuiles plates de terre cuite, isolation avec laine de cellulose insufflée. Sol du rez-de chaussée en terre cuite naturelle. Planchers en parquets flottants, linoléum ou liège ; menuiseries extérieures en pin. Cables blindés pour le circuit électrique
Chauffage : poêle à bois central rayonnant à grande inertie thermique.
Bilan chauffage : 1 800 F par an.
Gestion de l'eau : récupération des eaux pluviales + potabilisation, autonomie totale.
Consommation électrique totale : 8 000 kWh/an.
Bilan énergétique global (chauffage, énergie, cuisine, ECS) : 5 000 F/an.
Durée du chantier : 8 mois.
Participation aux travaux : couverture, cloisons, isolation en partie, peintures.
Coût total : 182 939 euros TTC (1 200 000 F).
Coût au m² habitable : 1 311 euros/m² (8 600 F).

**Martine et Damien Pfleger, rue du Fossé, 67880 Krautergershim.
Tél. 03 88 95 77 19.
Architecte : R. Wali.
Conception : Bio-Espace.**

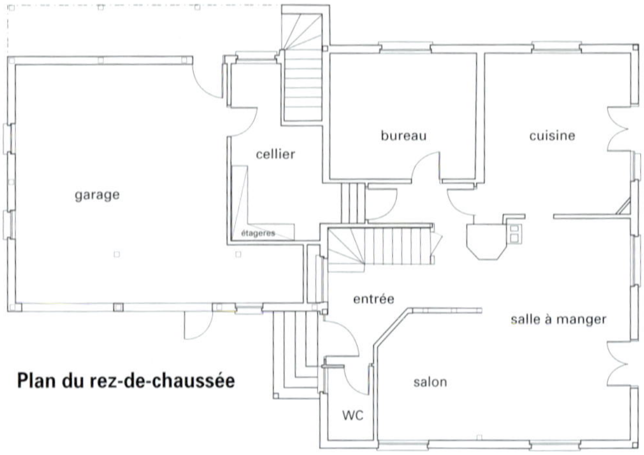

Plan du rez-de-chaussée

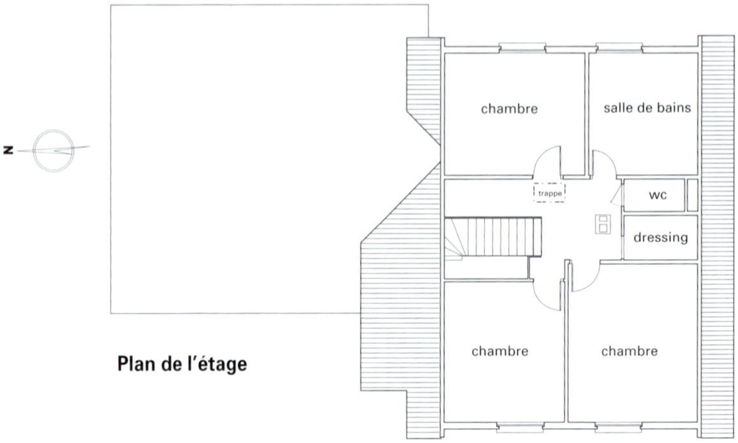

Plan de l'étage

Page de gauche, le poêle à bois finlandais, unique source de chauffage de la maison.
Page de droite, volets traditionnels en sapin.

Les panneaux montés, il restait à aménager l'intérieur du « bloc » ainsi formé. Les cloisons et les peintures, de même que la couverture du toit et les installations sanitaires, ont été réalisées en famille. Si on ajoute le drainage des fondations, cela représente au total plusieurs mois de travail.

Un nid douillet

Après trois années d'usage, la maison a fait ses preuves. « On apprécie particulièrement la chaleur des matériaux bois. » Chaleur valant tant au propre qu'au figuré : « On chauffe toute la maison (140 m^2) grâce à un poêle de masse finlandais avec 7 stères de bois par an. »
La très bonne isolation et l'autonomie en eau permettent de sérieuses économies. Sur certains points en revanche, le couple s'est fait plaisir avec des choix « haut de gamme » : du cuivre pour les chéneaux et un aspirateur centralisé. Si c'était à refaire, il s'accorderait encore quelques mètres carrés supplémentaires.

RÉCUPÉRATION DE L'EAU DE PLUIE

Récupérer l'eau de pluie pour arroser son jardin est une pratique familière à de nombreux jardiniers. Elle peut être mise en œuvre de manière très simple, avec par exemple un vieux fût de 200 litres au pied d'une descente de gouttière, ou plus perfectionnée avec une cuve enterrée et une pompe. Mais il est possible d'aller beaucoup plus loin, comme dans cette maison, dans laquelle l'eau récupérée est réutilisée pour l'ensemble des usages : arrosage du jardin et lavage de la voiture, bien sûr, mais aussi WC et machine à laver, sanitaires... jusqu'à l'eau de boisson, grâce à des filtres adaptés. L'eau récupérée est débarrassée de ses impuretés puis stockée dans des cuves en béton enterrées qui mettent l'eau à l'abri de la lumière et des chocs thermiques en toute saison. Une pompe assure la mise sous pression de l'eau et un coffret d'alimentation permet de réalimenter la cuve avec l'eau du réseau pour pallier au manque d'eau de pluie, en cas de sécheresse prolongée. Pour une installation complète comme celle de cette maison, l'investissement est d'environ 7 500 euros... pour une autonomie frisant 100 % des besoins.

Une maison originale, inspirée par le modulor de Le Corbusier

En dominantes bois et chaux, avec murs et dalles en briques (ni béton ni moellons !), cette vaste demeure en Haute-Savoie a été scrupuleusement conçue selon les principes de l'écobiologie globale, incluant architecture vivante, bioconstruction, techniques du bâtiment sans nuisance et bioénergies*.

Colette Sicre, thérapeute, utilise la sophrologie en développement personnel et fait de l'astrologie. Son mari Hugo, ingénieur-technicien du bâtiment, a effectué plusieurs stages de géobiologie*. C'est à cette occasion qu'il a rencontré l'architecte et consultant en écobiologie* Jacques Rosset, avec lequel le couple a donné corps au projet déjà ancien de construire une maison saine et écologique, dont la réalisation intégrerait à la fois les contingences techniques et la dimension vibratoire.

Trouver le centre

Le terrain, à 10 kilomètres d'Annecy, est en pente. « L'idée première était de mettre la maison sur la crête, explique Colette, comme tout le monde. L'architecte nous a fait monter et descendre le terrain plusieurs fois, pour déterminer là où on se trouvait le mieux. Mon mari et moi, nous avons choisi

Entrée, patio, jardin d'hiver sont orientés à l'est et au sud.

le même endroit. Et cela correspondait aux mesures prises par l'architecte. » Par bonheur, cela satisfaisait aussi au bon sens, qui indiquait de s'implanter en contrebas pour se protéger des vents puissants. Guidé principalement par le fengshui* et la géobiologie, l'écobiologue affina son étude du terrain, et le point vibratoire, centre de conception du projet, fut marqué par un grand piquet. Associés à la démarche, les propriétaires se sont sentis « profondément intégrés à la construction dès son début ».

Définir les mensurations

S'ensuivirent des calculs complexes, tenant compte des énergies, de la géométrie harmonique, du Nombre d'or*, des mesures du Modulor* définies par Le Corbusier, de la Brasse terrestre de latitude* (mesure connue des anciens bâtisseurs), pour déterminer les axes d'orientation de la maison, les ouvertures, la distribution et les dimensions des volumes intérieurs.
« Pour le gros œuvre, le choix des entreprises et des matériaux se sont fait en toute synchronicité. Nous avons trouvé dans un journal bio les coordonnées de compagnons dans l'Allier. Ils ont construit l'ossature dans leur atelier, puis ils sont venus la monter sur le terrain. Hugo est allé vérifier que les

Le volume du séjour et de la mezzanine en construction.

Depuis le hall d'entrée, accès à la partie centrale de la maison.
Page de droite, le poêle, cœur de la maison.

pièces de charpente étaient bien directionnées selon la polarité de pousse : cimes vers le haut pour les chevrons et les poteaux, vers le nord et l'est pour les pannes et les solives, selon les directives de l'architecte. »

Comme dans un bateau

Le second œuvre a été réalisé entièrement en autoconstruction, avec l'aide d'amis. « On a habité la maison à toutes ses étapes. Au début, on a vécu sur la terre battue, sans eau courante. » Au cours de ces onze années, de nombreuses transformations ont été faites, dont un coin jaccuzzi-détente, particulièrement apprécié, sous la véranda en balcon.
Colette Sicre ne voit rien à reprocher à sa maison : « L'intérieur a été très bien étudié. Par exemple, les chambres « décrochées » de la façade pour que le soleil levant y entre. Nous avons peu de pièces, sur plusiurs niveaux, pour un grand espace. Les gens se sentent bien dans cette maison. On a parfois la sensation de se trouver dans un bateau. »

Confort sans nuisances

La chaleur diffusée par l'énorme poêle en faïence du séjour (chauffage au bois à rayonnement et hypocauste*, seul moyen de chauffage à l'exception d'un radiateur dans une salle de bains au nord), contribue à créer une ambiance agréable. Il est véritablement le cœur de la maison, situé à l'emplacement du cœur de « L'Homme les bras levés » inscrit dans le carré et le cercle du tracé régulateur du plan, dans lequel réside selon l'architecte la synthèse du plan d'ensemble.

Lieu : Haute-Savoie (820 m d'altitude) ; relief en pente douce sans protection aux vents d'ouest et à la bise du nord.
Surface habitable : 270 m^2.
Conception : par un architecte.
Caractéristiques bioclimatiques : implantation en contrebas du terrain, afin de bénéficier de la protection de la crête contre le vent du nord, petites ouvertures au nord et à l'ouest ; portes-fenêtres, entrée, patio orientés à l'est et au sud. Maison allongé dans le sens de la pente, pignons à pans coupés.
Principes constructifs et matériaux : structure en ossature bois ; isolation en laine de roche ; enduits extérieurs à la chaux et bardage en douglas. Cloisons intérieures en briques de terre cuite. Charpente traitée aux sels de bore ; toiture en tuiles de terre cuite. Sols du 1er niveau en pitch-pin* ou en chêne traité à l'huile dure* ; planchers de l'étage couverts de moquettes de laine non traitées ou de linoléum ; isolation phonique assurée par de l'argile expansée. Double vitrage 4-6-4.
Chauffage : poêle à bois en faïence relié à un sytème hypocauste* et un insert pour l'agrément ; solaire passif de la serre.
Gestion de l'eau : fosse de décantation, filtre à gravier et drain perdu. Récupération de l'eau de pluie pour l'arrosage du jardin.
Bilan chauffage principal : 9 stères de bois.
Durée du chantier : 12 mois en 1990-1991,
Participation aux travaux : gros œuvre par entreprises + 5 500 heures d'autoconstruction (second œuvre).
Coût total : 320 143 euros (2 100 000 F).
Coût au m^2 habitable : 1 220 euros(8 000 F).

Colette et Hugo Sicre, Haute-Savoie.
Architecte : Jacques Rosset, ecoDomus, Genève (Suisse).

La longue serre qui entoure le séjour côtés sud et sud-ouest complète la satisfaction des besoins thermiques. Les impostes manuelles disposées sur les vitrages du séjour permettent de régler l'apport de chaleur de la serre vers l'intérieur.

Dans un environnement fortement soumis aux intempéries, le pari d'assurer le bien-être des habitants sans procurer de nuisances a donc été tenu.

LES MESURES DU MODULOR

L'intérieur de la maison est en grande partie dimensionné sur les mesures du Modulor. Le Modulor est défini par Le Corbusier comme étant une suite de dimensions à caractères ergonomique et universel, donc adaptées au besoin physique de l'être humain, dont les rapports croissants ou décroissants sont définis par le Nombre d'or* et ses multiples harmoniques.

Ainsi, les mesures Modulor de la série en centimètres (43, 70, 113, 183) définissent notre quotidien: 43 cm, hauteur d'une chaise; 70 cm, hauteur d'un bureau; 113 cm hauteur du zinc d'un bar, mais aussi du nombril d'un homme de 183 cm.

Les hauteurs sous poutraison, les dimensions des pièces, les largeurs de passages et de parois ont été déterminées de cette façon.

Appliquées à l'homme, les mesures du Modulor créent un sentiment de fluidité d'espace et mettent en confiance l'usager qui se sent particulièrement en résonance avec le lieu. Les rapports qui en découlent apportent de l'énergie et communiquent un sentiment de beauté aux constructions bâties ainsi.

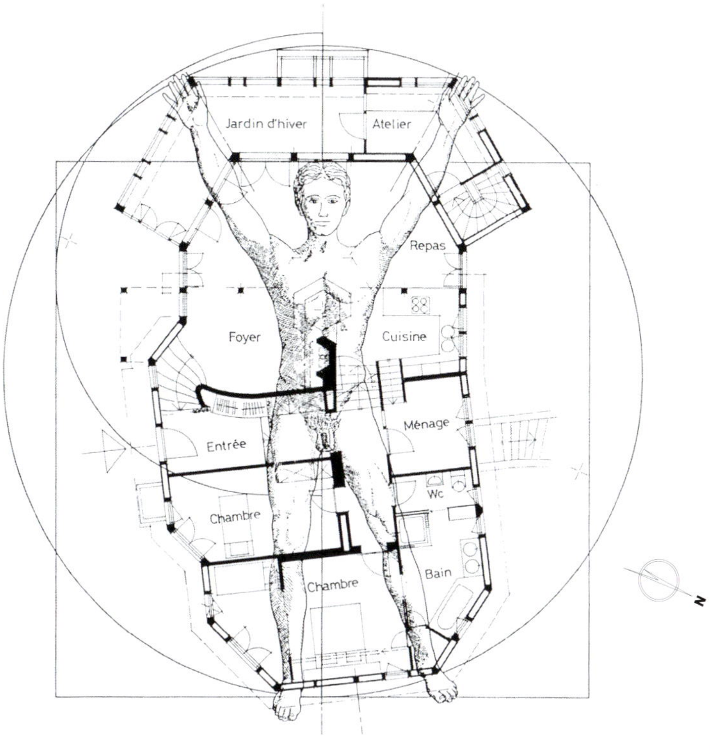

Dans le cas de cette maison, la synthèse du plan d'ensemble réside dans le tracé harmonique de l'« Homme les bras levés » inscrit dans un carré et dans un cercle. Le centre du cercle est le point de référence autour duquel est conçu le projet et où s'élève la maçonnerie du foyer ouvert.

Comme un navire dans la prairie

Quand il s'est agi de construire sur le site d'une ancienne demeure détruite par un incendie, Arlette Boudrand s'est fixé l'objectif du « plus écologique possible ». Il a fallu louvoyer entre les diktats de l'assureur, les impératifs du budget… et l'indifférence d'artisans, aussi imperméables aux considérations écologiques que rétifs à écouter les choix d'une femme.

Arlette Boudrand dit avoir toujours eu « une démarche naturelle ». C'est pourquoi son choix s'était porté sur une maison en pierres, datant de 1826, avec carrelage sur terre battue et poutres à l'ancienne, « écologique par la force des choses ». Mais un incendie l'a ravagée. Très rapidement, comme l'exigeait l'assureur, il a fallu raser et reconstruire. Certes pas un quelconque pavillon bétonné ! L'architecte, Bernard Boulangeot, a été choisi « en fonction de son éthique personnelle. Je l'avais rencontré dans une conférence ». La séparation du couple a failli faire échouer le projet ; Arlette Boudrand l'a poursuivi seule, et s'en déclare fort satisfaite.

Un large auvent au sud, comme une proue de bateau, pour protéger du soleil d'été et abriter terrasse et balcon.

« Les énergies subtiles sont encore plus importantes que l'esthétique. »

Bernard Boulangeot a fait la conception architecturale, l'étude géobiologique* et fengshui*. « La maison précédente avait brûlé, et l'assurance imposait de la reconstruire au même endroit. Bernard Boulangeot l'a mise "au bon endroit". Un peu décalée également pour la vue, masquée par une autre construction au sud, et pour l'ensoleillement. »
S'avouant « fascinée » par les produits et matériaux naturels, Arlette Boudrand a fait aussi totalement confiance à l'architecte pour les choisir.

« Il faut savoir vivre avec les rythmes de la nature. »

« En hiver, on a besoin de froid », professe la propriétaire – se plier au rythme des saisons constituant aussi une façon d'économiser de l'énergie.
Ils voulaient « un chauffage facile, le moins polluant possible, mais sans vraiment y réfléchir. » Ce fut donc le chauffage central au gaz. « Aujourd'hui, je ferais différemment, je choisirais plutôt bois et solaire. »

« Ce qu'on veut est beaucoup plus réalisable qu'on ne le pense. »

Arlette Boudrand fut aidé d'un coordinateur de chantier. Pour une femme, les négociations avec les artisans ne vont pas de soi : « Quand ils ont une idée en tête, ce n'est pas facile de les faire changer ! Il faut être ferme ! » À chaque refus, elle demandait un motif – pour s'apercevoir souvent que sa suggestion était en fait tout à fait recevable. « Il ne faut pas se laisser impressionner par les gens du métier : les artisans sont débordés de travail et pas toujours créatifs. » Malgré de mauvaises surprises (de la laine de roche mise quand elle

Une architecture originale, inspirée des fermes landaises.

Programme : maison individuelle, R + 1, pour 4 personnes.
Surface habitable : 150 m² + annexes (terrasse, patio, balcon).
Conception : étude géobiologique, feng-shui, conception architecturale par un architecte.
Caractéristiques bioclimatiques : forme compacte orientée sud–sud-ouest pour échaper au masque d'une autre construction située au sud ; isolation renforcée, doubles vitrages.
Principes constructifs et matériaux : monomur terre cuite de 37 cm, laine de cellulose prévue en toiture (en remplacement de la laine de roche) ; charpente et bois de structure en douglas ; finitions en produits biologiques (peintures, lasures...) ; circuit électrique évitant les pollutions électromagnétiques.
Chauffage : chaudière à gaz à haut rendement.
Eau chaude sanitaire : par chaudière à gaz.
Bilan chauffage : 150 euros par mois (984 F).
Durée du chantier : chantier réalisé en 2000.
Participation aux travaux : maîtrise d'œuvre, aidée d'un coordinateur de chantier, quelques finitions.
Coût total : 183 000 euros (1 200 000 F).
Coût au m² : 1 076 euros (7 058 F).

n'était pas là, la forme du toit simplifiée), elle estime avoir appris beaucoup : « je pouvais avoir des idées, et celles-ci n'étaient pas forcément mauvaises ! »

« Les gens la trouvent chaleureuse. Moi aussi ! »

« L'architecture inspirée des fermes landaises a été bien acceptée. » Voisins et amis trouvent la maison « magnifique, originale » ; les enfants l'aiment bien. Arlette Boudrand en apprécie l'atmosphère, la lumière, l'espace, et les matériaux, même si ce point mobiliserait aujourd'hui davantage son attention : « Je mettrais plus de bois ». Cette aventure riche en découvertes l'a à ce point passionnée, qu'elle serait prête à la renouveler.

L'ouverture sur la façade nord-est donne une terrasse fraîche en été.

LA GÉOBIOLOGIE

La géobiologie (de *géo*, terre, et *bio*, vie) étudie les influences des énergies issues du sous-sol sur les êtres vivants et recherche des solutions pour adapter les habitats à celles-ci. C'est une pratique très ancienne dans beaucoup de civilisations, (les Romains par exemple observaient le comportement des animaux sur un site donné avant de décider de l'implantation de leurs maisons), mais sa forme moderne date de la découverte des réseaux telluriques* au début du XXe siècle par Mrs Peyré, Curry et surtout le Dr Hartmann qui le premier mit en évidence l'influence de ceux-ci sur la santé des êtres vivants.
Ces réseaux constituent un maillage électromagnétique de très faible intensité présent sur l'ensemble de l'écorce terrestre. Ils agissent surtout comme vecteurs d'informations et amplificateurs lorsque les points de croisement , les « nœuds », se superposent avec les discontinuités et les variations de potentiel électrique de l'écorce, tels que les failles ou les veines d'eau souterraines.
Le rôle de la géobiologie dans la conception de l'habitat neuf est de positionner les zones de vie dans des zones « calmes » du rayonnement tellurique. Dans les habitats déjà construits, elle s'attache surtout à positionner les lieux de repos, et les équipements pouvant entrer en résonance avec les réseaux (tableaux de répartition électrique, prise de terre, etc.). Les outils de détection de la géobiologie sont de deux natures : les « sensitifs » d'une part qui amplifient et mettent en évidence les réactions inconscientes de l'expérimentateur, comme le pendule, la baguette de sourcier ou les diverses antennes, les « scientifiques » d'autre part, comme le géomagnétomètre ou le géorythmogramme, qui donnent des mesures directes sans intervention de la sensibilité de l'opérateur.

Arlette Boudrand.
Architecte : Bernard Boulangeot.

LE MONOMUR DE TERRE CUITE

Ce mode de construction des murs est actuellement le plus pratiqué en construction écologique. Il s'agit des anciennes briques « G » à multiples perforations verticales dont les performances et les processus de mise en œuvre n'ont cessé d'être perfectionnées depuis 20 ans : multiplication du nombre d'alvéoles, porosation de la terre, quasi-suppression des joints et donc des ponts thermiques*.

Les intérêts de cette technique sont multiples.
Le même matériau assure les deux fonctions principales du mur : structure porteuse et isolation. Les ossatures en béton armé sont coulées dans des blocs spéciaux, qui permettent même de réaliser des structures parasismiques sans ponts thermiques*. L'isolation est répartie sur toute l'épaisseur du mur, ce qui lui assure également une bonne inertie thermique*, et donc un excellent confort d'été sans climatisation.

Par sa porosité, le monomur de terre cuite est également un régulateur hygrométrique qui absorbe les excédents de vapeur d'eau et les restitue quand le climat intérieur s'assèche.
Outre ces qualités intrinsèques, le succès indéniable du monomur de terre cuite est également dû à sa facilité de mise en œuvre par des entreprises de maçonnerie conventionnelles avec une formation complémentaire de quelques heures, en général assurée par les fabricants.

Plan du rez-de-chaussée

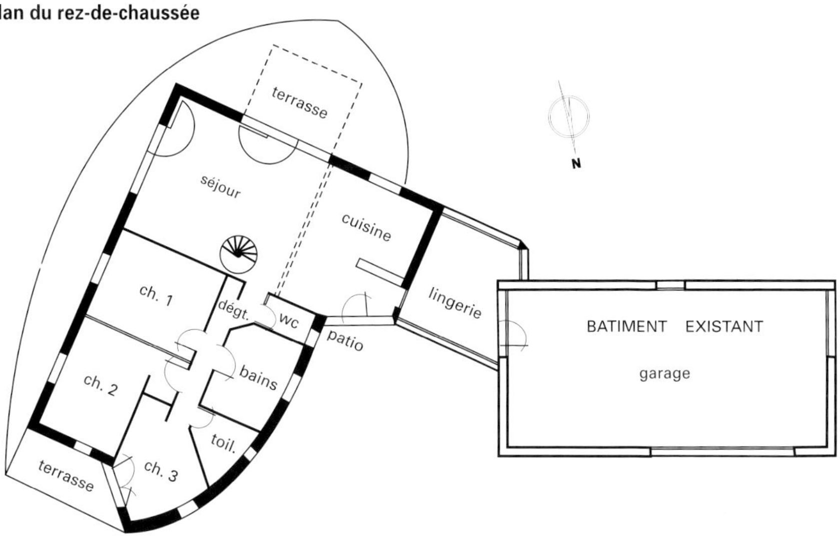

Plan de l'étage

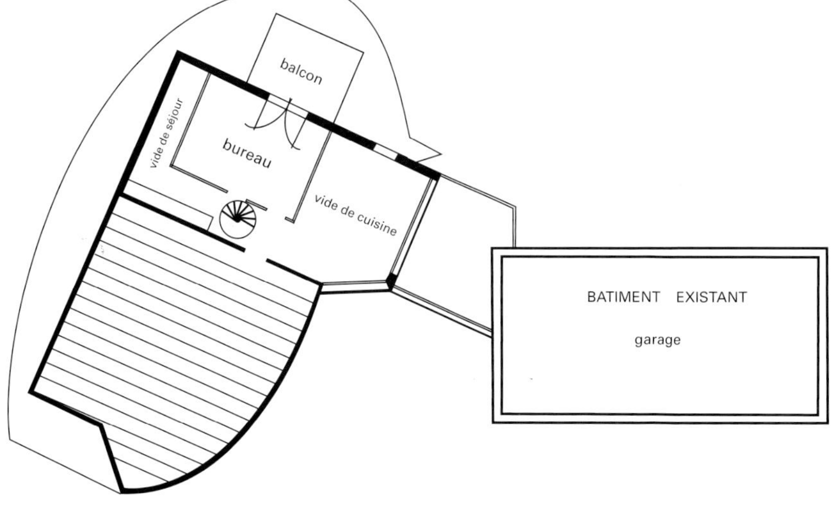

Isoler sa maison avec des bouteilles : il fallait y penser... et le faire

Cette étonnante maison octogonale domine la vallée de la Drôme. Totalement autoconstruite par le couple qui l'habite, elle allie une ossature bois à de nombreux matériaux de récupération – à commencer par les quelque 100 000 bouteilles de verre qui remplissent ses murs ! Cette démarche assez radicale aboutit à une réalisation d'une grande exigence qualitative, techniquement audacieuse et esthétiquement intéressante.

« Je pensais depuis longtemps à cette forme octogonale, deux carrés imbriqués, avec un axe central qui assure une bonne circulation des énergies cosmiques* et telluriques*. C'est une forme proche du cercle, avec peu de déperditions d'énergie. Elle permet de profiter de ce magnifique point de vue à 360°, grâce aux nombreuses ouvertures », raconte Jean-Claude.
Jean-Claude est producteur de pommes de terre en bio ; il fait aussi du bois

Une maison de 250 m² presque entièrement réalisée avec des matériaux de récupération, pour un coût total de 15 300 euros.

À gauche : la forme octogonale est sous-tendue à l'intérieur par une charpente originale.
Comme les poutres de la structure, ou l'escalier, les meubles de la cuisine sont fabriqués avec un vieux cèdre d'un parc voisin.

de chauffage et de l'entretien de parcs. Il travaille le bois et le fer, a une formation d'éducateur technique (menuiserie, mécanique), a animé des formations à l'autoconstruction... et déjà construit plusieurs maisons. « J'ai commencé à faire les fondations et réalisé que ça allait me prendre beaucoup trop de temps, poursuit-il. Myriam a souhaité s'investir dans la construction, on s'est répartis les tâches autrement et je lui ai transmis mon savoir-faire. »
Artiste peintre de son état, Myriam va donc prendre en charge la construction proprement dite. « On voulait une maison saine, construite avec un maximum de matériaux locaux ou de récupération, explique-t-elle. Au départ, on a pensé au bois cordé*, mais il aurait fallu attendre trois ans avant de commencer, pour que le bois soit bien sec. D'où l'idée d'utiliser des bouteilles, que nous avons récupérées pour moitié auprès de tous nos copains, puis à la déchetterie. Les gens le savaient et ils faisaient attention de ne pas les casser. »

Système S, comme solidaire

Le coût de la maison est exceptionnellement bas, mais une telle réalisation nécessite des compétences multiples, beaucoup de temps (5 ans de récupération de matériaux, 2 ans et demi de chantier) et de ténacité. Un bon réseau amical, aussi, largement mis à contribution pour des échanges de coups de mains, de même que le SEL* (Système d'échange local).
Les matériaux proviennent de sources diverses : déchets de chantiers, Emmaüs, déchetterie... Jean-Claude récapitule : « Pour les fondations, j'ai pu me servir d'un tractopelle qui était en panne, en échange de sa réparation. Le foyer de la cheminée, je l'ai découpé dans un carter de bulldozer en fonte. Avec pas mal de difficultés, j'ai fini par récupérer des fenêtres à double vitrage, mais sans cadre ; je les ai préparés avec ma machine à bois. Les poutres de la structure, l'escalier, les boiseries et la paillasse de la cuisine ont été débités par une scierie dans un vénérable cèdre de 42 mètres de hauteur

Situation : terrain en pente bien exposé d'1,7 ha (Jean-Claude a le statut d'agriculteur), coté nord en partie enterré, site isolé, vue exceptionnelle.
Surface habitable : 249 m² (3 x 83 m²).
Choix constructifs : murs isolants de 45 à 50 cm, ouvertures très nombreuses (une quarantaine), avec fenêtres et portes-fenêtres de récupération à doubles vitrages simples.
Matériaux : fondations octogonales et dalle de béton ferraillée, 8 piliers de béton prolongés par 8 poteaux de cèdre de 40 x 40 cm ; murs en bouteilles de récupération noyées dans un mortier de chaux avec copeaux et sciure, enduits à la chaux avec sable trouvé sur place ; carreaux de terre cuite d'une briqueterie désaffectée ; plancher en chêne d'un chantier de rénovation ; isolation toiture sur le même principe que les murs mais avec des canettes de bière ; couverture en tuiles mécaniques récupérées sur un chantier de rénovation.
Chauffage : chauffage au bois par cheminée centrale à foyer fermé avec système de récupération de l'air chaud (ventilé) et serpentin autour du conduit de fumée qui alimente un échangeur pour l'eau chaude sanitaire.
Consommation de bois : assez importante, de 15 à 20 stères par an pour deux raisons : enduits des murs non terminés et utilisation de bois de mauvaise qualité (le bon bois de chauffage est vendu).
Participation aux travaux : autoconstruction à presque 100 %, temps de travail estimé à 5 mois d'équivalent plein temps pour lui (conception, récupération des matériaux, travail d'atelier) et un peu plus d'un an pour elle (construction). Seulement une demi-journée d'intervention d'une entreprise avec une grue pour l'installation du conduit de cheminée. Et l'aide de quelques amis.
Durée du chantier : deux ans et demi, récupération de matériaux commencée cinq ans avant.
Équipement : progressivement avec de l'électroménager économe.
Coût total : 15 300 euros (100 000 F).
Coût au m² habitable : 92 euros (605 F).

qu'il fallait couper dans le parc d'un château voisin. J'ai aussi utilisé du peuplier et du sapin, des arbres que j'ai coupés en sève descendante. »

Objets récupérés…

« J'aime les matériaux de récupération, confie Myriam, ils ont une âme, il faut s'adapter à leurs irrégularités. » Le couple persiste d'ailleurs dans la même veine ingénieuse : « Pour délimiter les chambres, à l'étage du haut, on prévoit de monter des cloisons sur une structure de bambou avec plusieurs couches de papier de récupération encollées et un remplissage en papier mâché. Jean-Claude va faire des essais à la bétonnière. » Également en projet, à côté de la maison, des capteurs solaires thermiques, à partir de radiateurs de récupération en fonte peints en noir dans un caisson vitré, avec une circulation par thermosyphon*.

Plan du niveau 0

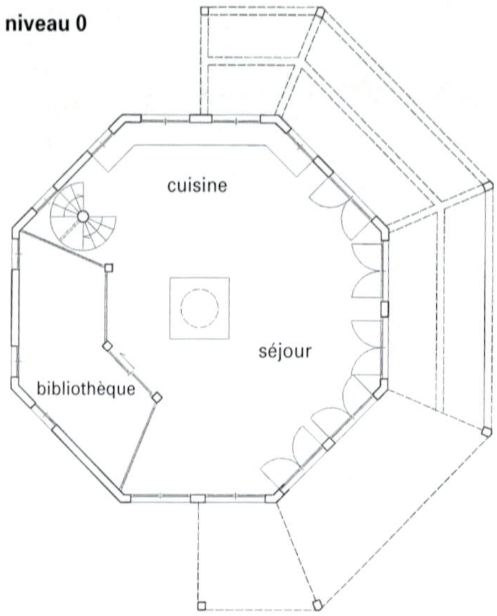

Plan du niveau 1

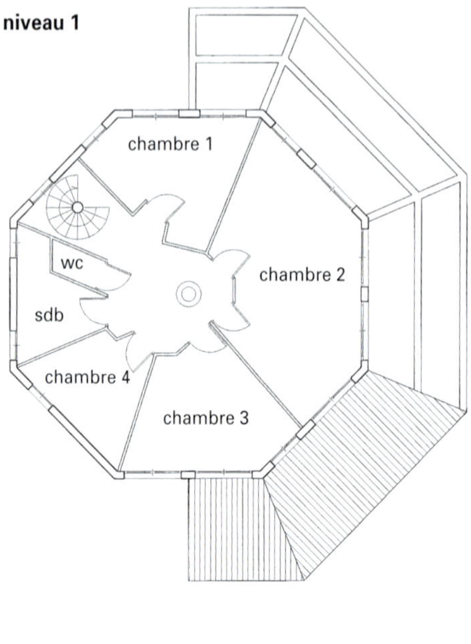

Le foyer central produit également l'eau chaude sanitaire.

Pour Myriam, « la clef de la réussite, c'est de prendre plaisir à ce qu'on fait. Moi, je ne connaissais rien au bâtiment. Mais avec quelqu'un qui vous assure un bon apprentissage technique, on peut construire sa maison. » À condition, toutefois, de savoir vivre à cinq, pendant deux ans et demi, dans 50 m² non isolés... un vrai travail d'équipe, là encore !

UNE CHEMINÉE CENTRALE SUSPENDUE

C'est à la fois la clé de voûte de la charpente, le chauffage « central » à air chaud ventilé, le chauffe-eau et, de surcroît, c'est elle qui soutient le plancher de l'étage. Il s'agit en fait de deux conduits emboîtés : à l'intérieur, le conduit de fumées, sur lequel est soudé le serpentin du chauffe-eau, et, à l'extérieur, une ancienne conduite forcée d'EDF, en acier de 11 mm d'épaisseur, sur laquelle viennent se fixer tous les arbalétriers de la charpente et les chevrons du plancher de l'étage. Entre les deux conduits circule l'air chaud ventilé. Le foyer fermé de la cheminée est suspendu au centre du rez-de-chaussée. Pour lui, c'est en même temps une sorte d'antenne cosmique, qui permet une bonne circulation de l'énergie. Cela dit, il reconnaît qu'un poteau central aurait été plus simple à réaliser.

Les constructeurs ont souhaité conserver l'anonymat mais il est possible de les contacter pour en savoir plus par l'intermédiaire de Terre vivante.

Pierre et bois pour une maison parfaitement intégrée dans le paysage

Agriculteur en biologie, René a acheté un terrain pour y construire les bâtiments d'exploitation et la maison. Il voulait un terrain plat, mais les architectes lui ont montré l'intérêt de se percher à cheval sur deux terrasses.

Chaque détail a été soigné : assemblage des poutres de la structure à l'ancienne.

Annie a des problèmes d'asthme ; des matériaux sains s'imposaient donc comme une priorité. Ce qui n'exclut pas une « conscience écologique » – dont atteste le choix professionnel de René.

Le couple a fait appel à un architecte spécialisé en construction écologique, mais finalement a peu suivi ses plans. La rencontre d'un compagnon charpentier qui a pris en main la maîtrise d'œuvre, et la découverte de matériaux comme le chanvre banché*, ont profondément modifié le projet.

Épisodes d'une aventure, dont ils ne sont pas « sortis indemnes », et dont la morale serait : « On se construit soi-même... »

Rencontre avec un artiste

À partir du plan du permis de construire, la maison a beaucoup évolué : le maître d'œuvre-charpentier a infléchi de nombreux choix. « C'était un artiste beaucoup plus qu'un artisan. Il débordait d'idées mais ne se souciait pas du temps. Quelqu'un d'autre aurait pu prendre cela très mal : pour moi, cela a été très formateur et m'a appris qu'aucune difficulté n'est insurmontable. »

La maison vue du sud-ouest : entre ses « joues » de pierre, la façade sud étage ses galeries en bois.

Malgré le stress inhérent à un chantier « sans filet », Annie et René ont été déçus « non par ce qui était expérimental, mais par ce qui était "classique" (les huisseries mal faites, par exemple). Déçus par des artisans classiques trop rigides. »

Découverte de la pierre

Le couple avait acheté une ruine « pour les pierres », avec la volonté d'utiliser prioritairement des matériaux locaux présents sur le site. René a une formation en charpenterie : « Mais François, le charpentier, m'a initié à la pierre et je suis devenu "accro". Pour moi, la charpente est plus compliquée, plus "abstraite" que la pierre, surtout le traçage sur bois rond : il y a beaucoup de préparation avant que la matière ne prenne forme. Avec la pierre, on passe directement du tas au mur. Chaque pierre apporte une satisfaction ! François a donc pris en charge la charpente, et moi, avec son aide, j'ai monté 200 m^3 de pierres avec beaucoup de plaisir ! ».

Composition avec un budget serré

La propriété offrait aussi du bois en quantité, suffisamment pour rendre les économies d'énergie non prioritaires. « Par mesure d'économie, nous avons choisi un simple vitrage, avec l'idée de le doubler, mais ça n'est pas encore fait. » Résultat : les quelque dix jours de froid intense sont rudes ! « La chemi-

L'UTILISATION DES BOIS DE PAYS

Il existe une centaine d'essences d'arbres en France et notre forêt est excédentaire en bois d'œuvre de qualité. Pourtant, sur le marché du bâtiment, parmi la cinquantaine d'espèces disponibles, la plupart sont importées des pays tropicaux ou nordiques. Les essences sont répertoriées en fonction d'une « classe de risque » correspondant aux risques de réhumidification du matériau en service, allant de 1 à 5, des bois des meubles ou des parquets toujours secs (1) à ceux toujours en contact avec l'eau ou en milieu marin (4 et 5).
Une essence utilisée dans une classe de risque supérieure à son classement de résistance naturelle doit être traitée. Il existe des traitements de préservation efficaces et réputées aux normes biologiques comme les sels de bore, mais ils sont coûteux et encore très peu d'entreprises acceptent de les pratiquer dans notre pays. Beaucoup d'essences locales peuvent cependant être mises en œuvre sans traitement pour des charpentes (classe 2) ou des bardages extérieurs (classe 3), si l'on élimine l'aubier (partie extérieure), moins durable que le bois parfait.
Parmi les feuillus : le chêne et le châtaignier (classe 3) ; le peuplier (classe 2), on voit de très vieilles charpentes, réalisées avec cette essence, en parfait état quand elles n'ont pas été au contact de l'humidité.
Parmi les résineux : le mélèze (classe 3) est incontestablement le roi des bois à durabilité naturelle, mais sa disponibilité est assez limitée ; le sapin de Douglas (classe 3), un peu moins réputé, tend ces dernières années à prendre une place importante en écoconstruction : les plantations de l'ONF (Office national des forêts) arrivent à pleine maturité, et il peut être employé en charpente et même en bardage extérieur sans traitements.

née bi-face chauffe directement le rez-de-chaussée. Mais le niveau inférieur est mal chauffé : trois niveaux d'habitation, c'est trop ! C'est un problème de conception. »
Pour le couple, la construction, « ce n'est que des compromis ! ». Par exemple, l'électricité qui n'est pas d'origine renouvelable, même si elle alimente des systèmes de basse consommation.

Plaisir de l'espace

Les bonheurs d'Annie: « L'espace chaleureux, les matières: le bois, la pierre, ce coin blanc où mon regard peut se reposer, regarder le mouvement de l'escalier, le mouvement du soleil, qui reste dehors en été et rentre profondément en hiver... Cet espace me donne du plaisir. » Ceux de René: « Le site. J'aime embrasser mon espace: on voit le bâtiment agricole de la maison et réciproquement. »
Leurs enfants aussi s'y sentent bien. Tout le monde la trouve belle – même si la famille la juge « un peu farfelue ». Léger inconvénient: elle n'est pas facile à entretenir avec son sol en pavés de bois et ses plafonds hauts, paradis des araignées. « La maison est belle, mais pas toujours impeccable. Heureusement, on supporte le bazar! »

Plan du niveau -1

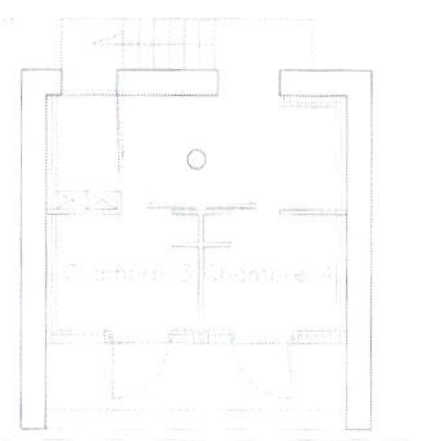

Plan du niveau 0

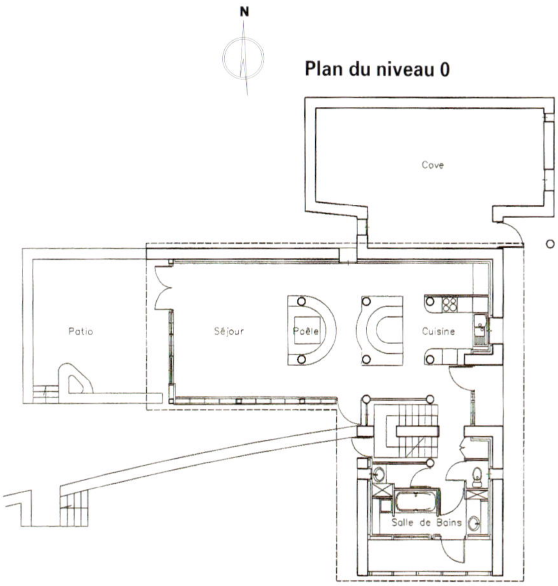

Plan du niveau 1

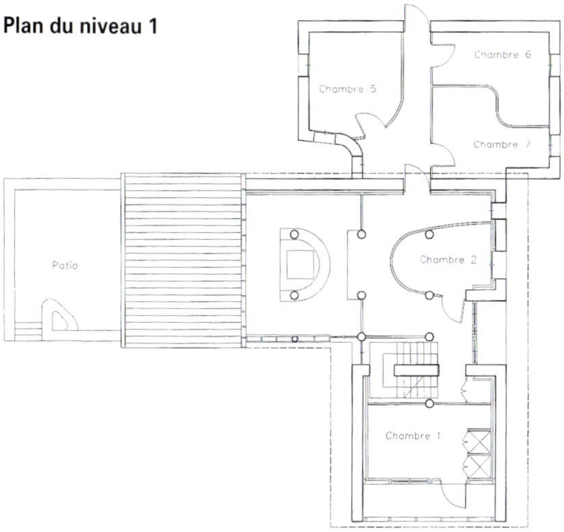

Lieu: nord Ardèche.
Programme: maison individuelle, sur 3 niveaux d'habitation pour 4 personnes.
Surface habitable: 186 m² (1re tranche) + 45 m² (2e tranche) + annexes.
Conception: par architecte spécialisé en construction écologique.
Caractéristiques bioclimatiques: volume compact pour limiter les déperditions, adossé à la pente au nord, ouvert au sud; grands vitrages sud et ouest.
Principes constructifs et matériaux: structure mixte avec murs en pierre maçonnés à la chaux et murs ossature bois et béton de chanvre; ossature et charpente en châtaignier; finitions en produits biologiques (peintures, lasures...).
Chauffage: foyer bois fermé avec circulation d'eau chaude (7 radiateurs).
Eau chaude sanitaire: ballon de 300 litres sur circuit du foyer bois avec appoint électrique.
Gestion de l'eau: épuration par fosse septique et épandage souterrain.
Bilan chauffage: consommation 40 stères de bois par an.
Durée du chantier: construction 1re tranche 1992 à août 1994, construction 2e tranche 1997.
Participation aux travaux: 50% d'autoconstruction, aidée par un charpentier salarié.
Coût total: 91 470 euros TTC (600 000 F) + 2 années de travail à temps complet en autoconstruction.
Coût au m²: 396 euros (2 600 F).
Entreprises spécialisées en éco-construction: conseil technique: atelier d'architecture écologique Habi Ter, Jean-Pierre Oliva; charpentier: François Viennot.

Page de gauche: le sol en bois debout allie plusieurs essences de teintes différentes.
Dans le séjour, la pierre, les châtaigniers, la terre cuite: la tradition ardéchoise réinterprétée.

René et Annie Forot, Quartier Charpelière, 07570 Desaignes.
Architecte: Atelier de l'Entre.

Chauffage par les murs : une invention romaine modernisée

Le classement site expérimental d'architecture de Cantercel a permis à Michael Flach et Christian Luginbühl, ingenieurs, ainsi qu'à Christophe Mégard, architecte, les trois copropriétaires de la maison, de développer un concept innovant et une architecture hors du commun.

En ce lieu, se rencontrent des personnes intéressées par l'expérimentation architecturale, dont les élèves d'une dizaine d'écoles d'architecture partenaires en Europe. La maison voisine avec un bâtiment de 1 000 m^2, comprenant bureaux, ateliers et salles de conférences. Une seconde, en construction, sera bientôt habitée en permanence par Annick et Jean-Pierre Campredon, le directeur du centre.
Abécédaire de l'aventure…

Choix

« Nous avons assuré la conception et les choix à 100 %. La participation aux travaux a été limitée à nos disponibilités pendant les vacances. Mais nous avons suivi nous-même la plupart des travaux effectués par les entreprises et fait la charpente, l'isolation du sol, les doublages et les aménagement intérieurs (non terminés). »

Concessions

« Certaines options ont été abandonnées pour réaliser des économies, telles que le vitrage de la serre qui est en polycarbonate* et non en verre ou le double vitrage pour la maison au lieu du triple vitrage. »

**À gauche, certains murs de la maison sont couverts d'un bardage de bois.
À droite, la serre en cours d'installation va permettre un transfert de chaleur vers l'intérieur par un lit de galets.**

Conseillers

« Nous avons fait appel à un géobiologue* pour définir le réseau Hartmann* sur le site choisi avant d'implanter définitivement la maison. Étant nous-mêmes ingénieurs et architectes, nous n'avons pas eu recours à des maîtres d'œuvres extérieurs. »

Eaux

« Les eaux grises* sont traitées par filtres à roseaux* et nous allons installer des toilettes sèches à compostage. »

Environnement

« Respecter l'environnement implique une conception architecturale qui respecte le milieu, avec une consommation réduite d'énergie fossile*, et l'utilisation de matériaux non dommageables pour la santé, nécessitant un minimum d'énergie pour leur fabrication et leur mise en œuvre, et pouvant être recyclés facilement. »

Enterrée au nord, la maison est construite sur pilotis au sud.

Matériaux

« La priorité a été donnée aux matériaux naturels qui se trouvaient sur le site, comme la pierre, le bois qui est notre spécialité et la terre qui demande peu d'énergie. Pour certains produits sélectionnés nous avons convenu des partenariats avec certains fournisseurs. »

Obstacles

« La complexité de la géométrie ronde et du système constructif (toiture végétalisée*, mélange d'une structure massive et d'un système sur pilotis) ont nécessité beaucoup de main-d'œuvre et entraîné un surcoût important. La qualité de la mise en œuvre a été maîtrisée grâce à une conception poussée et à une surveillance personnelle des travaux. Globalement, la compétence des entreprises et la qualité d'exécution ont été bonnes. »
« Nous avons eu quelques difficultés et des frais supplémentaires pour insuffler l'isolation de cellulose, en l'absence de l'entreprise Isofloc qui s'est retirée du marché français. »

Plaisir

« On apprécie surtout le calme, l'ambiance reposante et saine, les jeux de lumière dus à l'éclairage zénithal, le caractère organique des formes arrondies, l'"arbre central", l'odeur du bois, l'intégration dans le site et la vue sur le terrain. Les inconvénients sont l'éloignement et les difficultés climatiques du site, ainsi que le coût élevé de cette construction pour sa faible utilisation (résidence secondaire). »

Situation : site expérimental d'architecture de 150 ha, sur le plateau du Larzac, à 800 m d'altitude. Climat très contrasté, entre douceur méditerranéenne pendant les mois d'été et froid, humidité et vent le reste de l'année. Implantée sur un versant sud-est contre une petite forêt de pins qui la protège au nord-ouest. la maison est enterrée au nord et supportée par une structure bois sur pilotis au sud.
Surfaces : 110 m² + serre de 15 m² + cave de15 m².
Deux systèmes constructifs : structure en pierre et chaux pour le soubassement au nord ; structure légère à ossature bois en douglas et épicéa avec arbre central en pin pour le reste de la structure principale. Maison bioclimatique avec larges ouvertures et serre solaire au sud, ainsi qu'un éclairage zénithal au centre qui assure un apport de lumière naturelle dans les pièces situées au nord (le haut des cloisons est vitré pour laisser passer la lumière).
Matériaux : sol isolé avec du verre cellulaire (Foamglass) en partie nord ; lit de galets avec circuit d'air chaud surmonté d'un bidim* qui retient un sol en terre cirée en surface pour la couche de finition (aspect marbré). Partie sud : plancher bois. Murs : panneaux intérieurs en Fermacell*, plaques de fibre de bois bitumées à l'extérieur, recouvertes d'un bardage en bois naturellement résistants (châtaignier, mélèze, cyprès et cèdre). Isolation en ouate de cellulose (mur 15 cm, toiture 25 cm). Enduits en terre crue sur certains murs intérieurs. Plafond moitié sud en planches de bois cintrées. Toiture : la partie nord est végétalisée (membrane d'étanchéité sans chlore, couche drainante, bidim* et 15 cm de terre du site). Le reste est couvert d'un bardage en châtaignier.
Chauffage : solaire passif par la serre avec transfert de chaleur vers les chambres à travers le lit de galets, ventilateur déclenché par cellules photovoltaïques. Chauffage d'appoint hypocauste qui permet d'envoyer de l'air chaud dans les murs (voir encadré).
Eau chaude sanitaire : avec 6 m² de capteurs solaires.
Participation aux travaux : environ 1 000 heures : conception, suivi des travaux, plafond en planches clouées, cloisons et doublages, finitions.
Coût total : environ 155 000 euros TTC (un peu plus d'1 000 000 F), valeur 1999, sachant que certaines finitions ne sont pas terminées et que certains matériaux ont été obtenus avec des réductions.
Coût au m² : 1 100 euros TTC (7 200 F).
Durée du chantier : 12 mois étalés sur 3 ans.
Gestion de l'eau : toilettes sèches en projet, avec ventilation et bac de compostage. Traitement des eaux grises* par filtres à végétaux. Récupération des eaux de pluie pour l'arrosage.
Consommation d'énergie : non déterminée car maison encore inachevée.

La structure prend la forme d'un arbre et le plafond reproduit les cernes du bois. Un éclairage zénithal au centre apporte de la lumière aux pièces situées au nord.

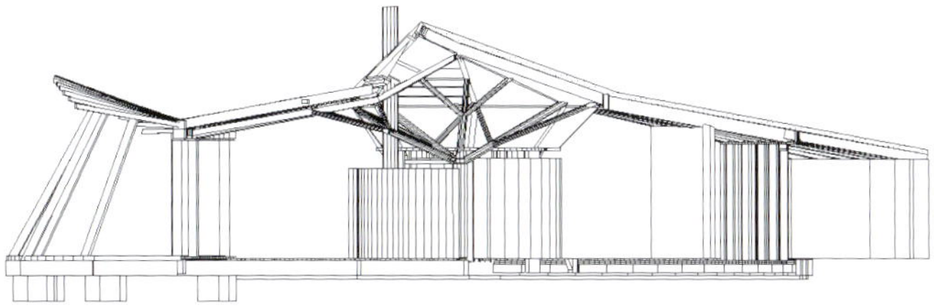

Coupe

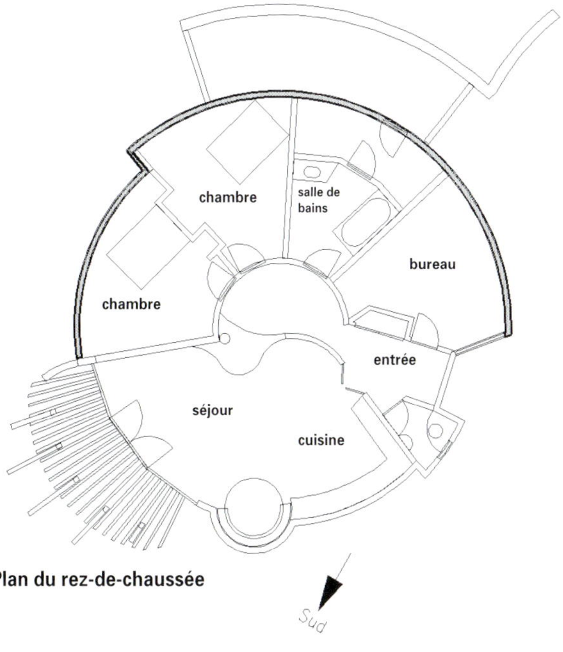

Plan du rez-de-chaussée

UN CHAUFFAGE « HYPOCAUSTE »
Cette notion, qui date de l'époque romaine, définit un mode de transport de l'air chaud en circuit fermé vers des surfaces capables de restituer la chaleur dans les pièces par rayonnement. L'air chaud émane d'un foyer fermé moderne avec post-combustion situé au centre de la maison. Il est pulsé, selon les besoins, soit dans des conduits situés dans un mur en terre crue pour stockage et restitution lente, soit dans certaines cloisons à faible inertie pour réchauffement plus rapide. Associé à une bonne isolation et à une optimisation des apports solaires, ce système s'avère très efficace pendant les hivers rigoureux du Larzac.

Site expérimental d'architecture de Cantercel, 34520 La Vacquerie.
Tél. 04 67 44 61 34.

Cloisons et enduits en terre crue chez un spécialiste de ce matériau

Les propriétaires ont réhabilité une ancienne filature sur deux niveaux d'habitation, pour abriter la vie de cinq personnes, et des bureaux d'entreprise. S'ils ont recyclé les matériaux présents, ils ont aussi beaucoup utilisé celui qu'ils commercialisent : la terre crue. Conduit en famille, le chantier fut à la fois un terrain d'expérimentation... et une épreuve d'endurance!

« On a participé tous les deux à toutes les étapes, se souvient Gabi, en même temps qu'on démarrait l'entreprise et un troisième enfant! Un an et demi dans la poussière: on a campé pendant neuf mois sur 40 m^2; chaque soir, il fallait déblayer les lits avant d'aller se coucher!»

L'aventure a commencé par «des nuits entières» passées à élaborer le projet. Un architecte a apporté «quelques bonnes idées» (mais, ajoute Gaby: «À trois, nous avons quand même oublié la buanderie!»), et finalisé la conception pour la demande de permis de construire. «Même pour quelqu'un qui s'implique beaucoup et est compétent (j'ai un diplôme de génie civil du bâtiment), un architecte est important, estime Andreas. Mais il faut qu'il fasse, comme dans notre cas, la maison de ses clients, pas une maison pour son image à lui!»

Éloge de la terre

L'entreprise Akterre, créée par les Krewet, distribue des matériaux à base de terre crue. «L'intérêt écologique, c'est qu'il n'y a aucune cuisson; on utilise de l'énergie uniquement pour le transport. Certains critiquent ce choix, mais d'après l'Ademe (Agence de l'environnement et de la maîtrise de l'énergie),

L'ancienne filature présente une grande façade pourvue de nombreuses fenêtres métalliques.

l'énergie du transport représente 20% de l'énergie grise* contenue dans la moyenne des matériaux de construction.»

La restauration de la maison avec les matériaux distribués offrait aussi une vitrine pour l'entreprise: «Cela nous a permis d'expérimenter toutes les techniques et tous les matériaux, ainsi que des effets et des textures pour les enduits, d'élargir nos propositions en connaissance de cause. La reproductibilité était importante, pour faire connaître les matériaux, les rendre accessibles aux entreprises. L'utilisation des ressources plus locales a suivi, comme prévue, dans un deuxième temps.»

Au premier étage, du bois (plancher et charpente apparente) et du métal (fenêtre, rampe d'escalier).

Lieu: Isère.
Programme: maison individuelle en réhabilitation sur 2 niveaux d'habitation, pour 5 personnes et bureaux d'entreprise.
Surface habitable: 180 m² (habitation + bureau) + annexes.
Conception: autoconception, finalisée par architecte.
Caractéristiques bioclimatiques: volume d'origine compact, grandes baies à l'est et à l'ouest.
Principes constructifs et matériaux: murs existants en tuff calcaire réhabilités avec enduits terre à l'intérieur, pierres apparentes à l'extérieur; cloisons intérieures en briques de terre crue (adobe), sous-pentes et plafonds en panneaux terre; recyclage de matériaux présents: planchers bois, briques, pavés terre cuite, baies en acier...; charpente en bois de pays, isolation chanvre et chaux; sols du rez de chaussée en béton chanvre-chaux; plancher d'étage en châtaignier; finitions avec des produits biologiques (peintures, lasures...).
Chauffage: chaudière à bois déchiqueté alimentant un chauffage à circulation d'eau chaude par les murs (voir note technique).
Eau chaude sanitaire: par chaudière à bois déchiqueté.
Gestion de l'eau: épuration avec réseau collectif.
Durée du chantier: restauration 1998-1999.
Participation aux travaux: autoconstruction + professionnels (plomberie)+ aide amis, étudiants.
Coût total: achat maison + matériaux + main-d'œuvre payée: 200 000 euros TTC (1 312 000 F) + 1 année de travail à temps complet en autoconstruction pour 2 personnes.
Entreprise spécialisée en éco-construction: Akterre (matériaux et construction en terre).

Gabi et Andreas Krewet, Le Gît, 38710 Saint-Quentin-sur-Isère.
Architecte: Claude Salerno.

« Les finitions intérieures en terre se révèlent esthétiquement réussies. Et très pratiques: avec trois enfants, si un mur est abîmé, on peut facilement réparer, ce qui n'est pas le cas avec le plâtre ou la chaux. »

L'isolation en question

Le couple a appliqué des critères écologiques, esthétiques – mais aussi des critères financiers et de mise en œuvre – d'où certains choix remis en question *a posteriori*... L'isolation de la toiture est en chanvre et chaux: « Aujourd'hui, on mettrait de la laine de mouton, ou on insufflerait de la ouate de cellulose (journaux recyclés), plus rapides et plus simples à mettre en œuvre. » Idem pour le sol: « On ne mettrait plus de végétal à cet endroit; il y a trop de risques d'humidité. À la place du chanvre, on mélangerait la chaux à de la pouzzolane (roche volcanique pulvérisée, ressemblant à du gravier en plus léger). »

De la logique avant toute chose

Les grandes baies à l'est et à l'ouest sont en acier, avec simple vitrage monté au mastic, « à l'ancienne ». « Ce sont des matériaux acceptables du point de vue écologique. » Beaucoup plus économique que le double vitrage et, de plus, « l'artisan local se trouvait à 500 mètres. D'un point de vue écologique, nous avons préféré mettre l'argent dans une énergie renouvelable, en l'occurrence une chaudière à bois déchiqueté. »
Gabi et Andreas voulaient aussi respecter l'aspect historique. Si des considérations esthétiques les ont guidés, ils estiment que « la logique vient avant. » D'après eux, « un bon architecte devrait aider ses clients à hiérarchiser leurs choix, à ne pas se focaliser sur un seul aspect. Malheureusement, la formation des architectes en France est trop artistique, et ne les aide pas à avoir une approche qui intègre la thermique et la technique. » Or, ajoute Andreas « la conception thermique est primordiale: il ne faut pas oublier qu'on utilise beaucoup plus d'énergie à chauffer une maison pendant sa durée de vie qu'à la construire et même à la détruire. »

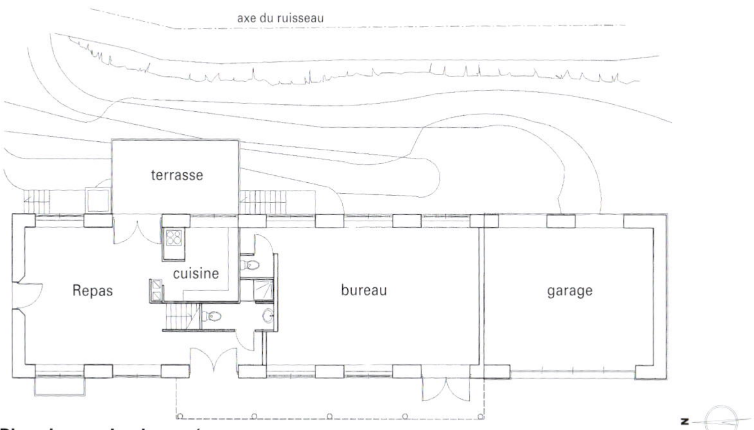

Plan du rez-de-chaussée

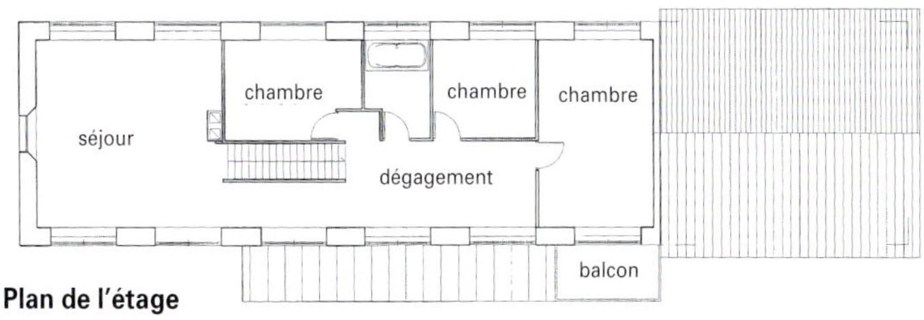

Plan de l'étage

LE MUR CHAUFFANT

Le confort thermique dépend beaucoup de la température des murs. Si les surfaces sont froides, elles absorbent la chaleur de l'intérieur de la pièce et notamment celle des habitants qui ressentent une impression de froid. Dans le cas de la convexion, système de distribution conventionnel de la chaleur, ce phénomène est compensé par l'augmentation de la température de l'air. Dans le cas du mur chauffant, l'augmentation de la température des murs permet de réduire la température de l'air tout en gardant le même confort thermique. L'utilisation d'un mur chauffant permet donc de diminuer les coûts de chauffage. Le mur chauffant procure ainsi un climat intérieur confortable et sain de manière économique. Par ailleurs, beaucoup de géobiologues trouvent cette technique plus naturelle que le chauffage par le sol (le soleil ne nous chauffe pas par la plante des pieds) et moins perturbante pour le rayonnement tellurique* issu du sous-sol.

Les tuyaux de chauffage sont fixés prioritairement sur les murs extérieurs. Un enduit en terre, armé d'une toile de jute, est appliqué pour recouvrir les tuyaux. Ces tuyaux, dans lesquels circule de l'eau chaude, peuvent être en cuivre, en polyéthylène ou en aluminium/polyéthylène (multicouche). Ce système de chauffage peut également être mis en œuvre à sec : des panneaux préfabriqués composés d'un panneau en terre intégrant le circuit de chauffage sont fixés sur une ossature en bois et raccordés entre eux au niveau des plinthes. Les espaces de murs non couverts par les panneaux chauffants le sont par des panneaux en terre et le tout recouvert d'un enduit de finition mince en terre.

De plus, la circulation d'air et donc les problèmes liés aux allergies aux acariens se trouvent fortement réduits.

Enduits à base de terre (argiles et sables) de teintes différentes utilisés pour le mur et pour la cheminée.

Bois, terre crue, chanvre, rafles de maïs : la maison de la biodiversité

En 1998, le prix « Ecologie » au Concours national « Maison solaires, maisons d'aujourd'hui » couronnait 6 années de travail... et une belle ténacité. Très pensée, soutenue par des convictions solides, englobée dans un projet de vie tendant vers un maximum d'autonomie, la réalisation a aussi laissé une large place à l'expérimentation et aux « coups de cœur ».

« Au début, le choix de quitter son boulot et de compter sur les revenus de sa femme pour construire sa maison a été mal vu », se souvient Patrick. Ingénieur de formation, comme Marie-Claire, il a en effet arrêté toute activité professionnelle en 1993 pour se consacrer au chantier. « Nouveaux dans la région toulousaine, un peu isolés au début, on passait pour des farfelus. Cette maison nous a amenés de nouveaux amis, de notre sensibilité. »

Ils avaient conçu les plans ensemble. Une rencontre avec Jean-Pierre Oliva à Domus a influencé le choix des matériaux. Ils ont été guidés par « le goût de l'expérimentation, de la démonstration : recherche de matériaux locaux, la terre crue notamment... » La quête d'autonomie fut déterminante. Pari tenu pour la faible consommation énergétique, la gestion des eaux (récupération

La maison dans son cadre de verdure : un lieu d'autonomie.

Les capteurs à air et la véranda.

des eaux pluviales et potabilisation, lagunage phytoépuré* individuel accepté par la DDASS), et aussi aujourd'hui pour l'alimentation, grâce au jardin. Intuitions et «coups de cœur» ont aussi été écoutés, par exemple pour le torchis, découvert lors d'un stage de construction en terre, avec Jean-Louis Boistel, tailleur de pierres, spécialiste des techniques de construction anciennes.

Des choix confirmés

Des compromis ne furent pas nécessaires: «Les matières premières qui nous plaisaient étaient les moins chères de toutes!»

Un petit souci toutefois: «La pente du terrain – choisi pour la proximité du lieu de travail et de l'environnement humain – n'était pas optimum pour une conception solaire (plutôt sud-ouest, au lieu de sud ou sud-est). D'où des risques de surchauffe en fin d'été.»

Ni Marie-Claire ni Patrick n'éprouvent de regrets sur leurs choix principaux. Ils étudieraient aujourd'hui mieux l'évolutivité des espaces intérieurs, et ajouteraient une pièce bureau-informatique. Pour le reste: «La maison est peut-être un peu trop grande pour l'"homme de ménage", déplore Patrick. Mais nous avons trois filles qui prennent de la place, et des besoins de stockage pour les produits du jardin. Elle attire aussi beaucoup de monde, mais nous en sommes responsables.» Ainsi Patrick la fait visiter le premier jeudi de chaque mois.

Bricolage déconseillé

Hormis la plomberie réalisée par un artisan, l'autoconstruction a été totale, avec des aides ponctuelles d'amis sur environ un tiers du chantier: béton cyclopéen*, charpente, torchis... Environ 15 000 heures de travail (3 ans à temps plein et 3 an à mi-temps avec le jardin), avec régulièrement une ambiance très internationale (uruguayen, canadien, portugais, camerounais, péruvien, australien...).

Lieu : proximité de Toulouse (Haute-Garonne).
Programme : maison individuelle, R+1 pour une famille de 5 personnes.
Surface habitable: 220 m² + annexes.
Conception: autoconception aidée du conseil de quelques spécialistes (géobiologue, architecte terre crue).
Caractéristiques bioclimatiques: forme compacte, orientation, agencements, espaces tampons; isolation renforcée , doubles vitrages.
Principes constructifs et matériaux: colombage chataîgnier sur fondations en béton cyclopéen*; remplissage en torchis, briques de terre crue comprimée ou briques d'adobe* moulées selon la fonction thermique des parois; sols chauffants en terre cuite creuses, isolation en rafles de maïs; toiture isolée en chènevotte* de chanvre; finitions en produits biologiques (peintures, lasures...).
Chauffage: solaire passif (serre, capteurs à air autoconstruits, circulation d'air dans les sols et les murs); appoint avec un foyer fermé à bois et un four à pain, couplés au réseau de distribution d'air chaud.
Bilan chauffage : 2 stères de chêne sec par an.
Gestion de l'eau: récupération des eaux pluviales, lagunage individuel avec phytoépuration*.
Consommation électrique totale: inférieure à 2500 kWh/an. Projet de centrale photovoltaïque raccordée.
Bilan énergétique global (chauffage, énergie, cuisine, eau chaude sanitaire): 451 euros/an (2960 F).
Durée du chantier : de février 1993 à août 1996, puis beaucoup de finitions.
Participation aux travaux: autoconstruction totale.
Coût total: 88420 euros TTC (580000 F), hors travail (6 ans de travail personnel + 1 an d'aides diverses soit 15000 heures de travail).
Coût au m² habitable: 553 euros/m² (3625 F) sans la part d'autoconstruction.

En haut, le séjour ouvert sur le jardin et adossé au cœur thermique.
En bas, divers remplissages selon les façades: briques de terre crue entre les colombages et bardage bois.

« Nous avions le temps, ce qui est très important. Le projet sortait de l'ordinaire, mais à chaque étape, nous avons été aidés. Cela n'a pas été toujours facile: par exemple, nous étions peu disponibles pour les enfants, qui ont subi le chantier. » Depuis, les trois filles se montrent fières de la maison, où elles font venir leurs classes.
« Prendre son temps pour la réflexion », semble capital au couple. Patrick suggère de « bien évaluer ce qu'on veut investir dans le projet: temps ou argent? Les deux sont sous-évalués en autoconstruction. » Il insiste sur la nécessité de s'entourer des conseils de spécialistes expérimentés: « On a intérêt à ne plus bricoler comme pour le solaire dans les années 1970 – ce qui nous a coûté 30 ans de retard! »

LES ENDUITS À BASE DE TERRE CRUE
Sur des parois en maçonnerie, les enduits intérieurs peuvent être réalisés de plusieurs manières : les plus pratiqués sont le plâtre et les enduits sable-chaux. Une troisième famille d'enduits, la plus ancienne, reste paradoxalement peu connue : le liant est tout simplement l'argile crue et la matière principale est le sable. Des fibres végétales sont souvent ajoutées pour armer l'enduit ou donner un effet décoratif.
Ici, le mélange est le suivant : 1 part de terre argileuse, issue des fouilles de la maison, 2,5 parts de sable, 1,5 part de foin coupé (moins de 5 cm) Le mélange est préparé avec de l'eau à la bétonnière, le foin étant ajouté à la fin. Le mélange peut être stocké pendant trois jours dans des récipients étanches. Sur les parois préalablement humidifiées, il s'applique à la truelle ou au platoir, et peut faire 2 cm d'épaisseur en une seule couche. La finition consiste, quelques heures après l'application, en un lissage fortement serré avec la truelle ou une lisseuse. Le résultat donne une surface lisse, proche du plâtre, et très dure après séchage. Un léger faïençage peut apparaitre, que l'on peut effacer en humectant la paroi et en repassant la lisseuse.
Les enduits terre sont plus faciles à appliquer par des non-professionnels que ceux au plâtre ou à la chaux : un enduit « raté » peut être repris en le remouillant. Avec un peu de pratique on peut obtenir des résultats décoratifs trés intéressants.
L'argile n'est pas agressive pour la peau comme la chaux !
Le coût de ce type d'enduits est presque nul (pour cette maison il est de 0,21 euros/m², l'essentiel étant représenté par la main-d'œuvre)
Le coût écologique (énergie grise*) est également très bas : aucune cuisson, peu ou pas de transports.
Les composants trouvés sur place étant par nature très variables, la réussite de ces enduits demande un certain savoir-faire, ou quelques essais et du bon sens.

Plan du rez-de-chaussée

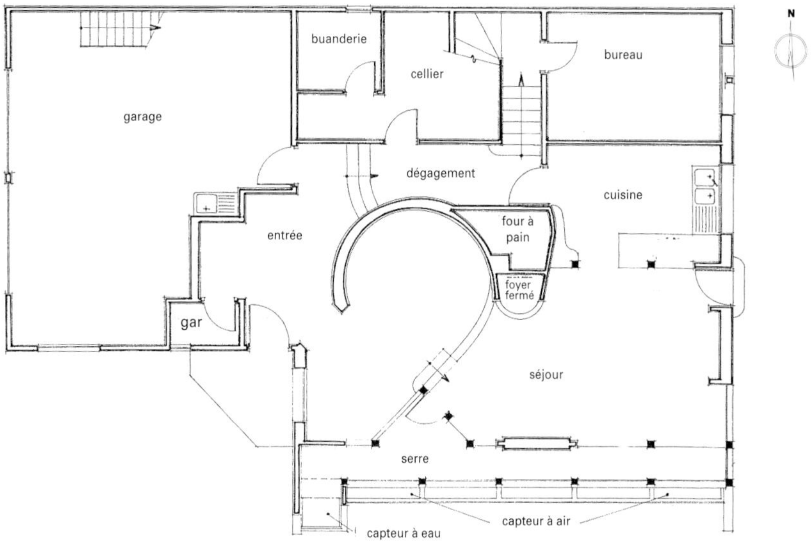

Patrick et Marie-Claire Charmeau, Chemin de Savignol, 31320 Castanet-Tolosan.

Le pisé ou la modernisation d'une technique ancienne

La maison surplombe l'exploitation maraîchère. C'est un lieu de vie, pas de travail. Bois et pisé ont été choisis dans le souci d'utiliser des matériaux, non seulement écologiques, mais locaux. Les habitants ont été récompensés de cette démarche citoyenne, et des efforts fournis dans une forte participation au chantier, par le confort d'un intérieur chaleureux.

Construire une maison écologique, cela découlait pour Jacqueline et Hubert Carducci d'une reconversion complète, un véritable changement de vie. « Avant j'habitais dans une ancienne ferme retapée. Maintenant je suis maraîcher, je fais du bio. Changer de maison, dans ma tête, c'était logique. »
Cela s'inscrivait aussi dans une démarche de responsabilité citoyenne : « Une

Le pignon nord de la maison n'a que peu d'ouvertures, de petite taille.

La partie de la maison où se trouve la cuisine-séjour est décalée afin de profiter d'une exposition au sud.

démarche toute simple. Ça part du bon sens, pas de grands choix philosophiques. Chacun peut le faire.» Il avoue avoir été également attiré par le confort des «produits simples». Vendant sa production sur les marchés, il défend volontiers ses choix auprès de ses clients.

Complicité avec le maître d'œuvre

Résolument, Jacqueline et Hubert Carducci ont choisi des matériaux régionaux, disponibles sur le lieu de construction ou dans la région. La terre pour le pisé a été prise sur place, le bois de la charpente a été coupé en bonne lune dans une forêt proche et les tuiles ont été fabriquées dans la région. Ils ont aussi fait appel à des artisans locaux.

Hubert a participé au chantier, et y a appris beaucoup de choses: «J'étais déjà bricoleur, mais là, j'ai travaillé avec des professionnels.» Sa collaboration avec Nicolas Meunier, le piseur, fut particulièrement fructueuse. Chaque décision sur la construction a été prise dans un souci de cohérence, d'habitabilité ou d'économie.

Le pisé ne travaille qu'en compression et n'accepte que des poussées verticales. Aussi faut-il, lors de la conception, bien prévoir la charpente qui l'accompagne. Hubert Carducci dit ne pas avoir rencontré de difficultés – mais ajoute qu'une grande motivation est nécessaire pour mener à bien un tel projet. Ce serait sa recommandation aux aspirants constructeurs.

Le pisé et le bois possèdent des caractéristiques thermiques et hygrométriques semblables, ce qui justifie leur emploi dans une même construction.
Page de droite, la façade est avec l'entrée.

Ambiance chaleureuse

De même, une forte conviction lui semble indispensable pour tenir ses choix. Aucun de ceux faits au départ n'ont dû être abandonnés, à l'exception de la couverture du toit : « On avait prévu du bardeau, des tuiles de bois, et on a mis des tuiles en terre cuite. C'était imposé par la DDE (Direction départementale de l'équipement). Mais finalement, ça n'est pas plus mal. »
Le chauffage au bois s'est imposé : il y en a en abondance sur le lieu d'habitation et l'exploitation. Le poêle de masse en briques fut, lui aussi, autoconstruit.
Deux ans et demi plus tard, Hubert Carducci dit aimer sa maison, « agréable à vivre, vaste, où tout fonctionne bien. Le mélange bois/terre est chaleureux, sympathique... » Mais, précise-t-il, « Ce n'est qu'une maison ! Normalement, ce sont les habitants qui apportent cet état d'esprit ! »

LE PISÉ : UN SAVOIR-FAIRE ANCESTRAL

Utilisé dans de nombreuses régions du monde, le pisé consiste à damer de la terre humide dans un coffrage, terre extraite sur le chantier même ou à proximité. Les murs sont élevés sur un soubassement qui les protège des infiltrations d'eau. Les techniques modernes de coffrage permettent de réduire les temps de mise en œuvre, et le damage de la terre est effectué avec un fouloir pneumatique. Un enduit extérieur n'est pas toujours nécessaire suivant la qualité de la terre et l'exposition du bâtiment. Il est aussi possible de laisser la terre apparente à l'intérieur.
Cette technique traditionnelle de construction en Rhône-Alpes n'y est plus guère utilisée. Pourtant, ses caractéristiques thermiques lui donnent un intérêt non négligeable en architecture bioclimatique. Le pisé confère une grande inertie thermique : grâce à des murs de 50 cm d'épaisseur, les amplitudes thermiques entre le jour et la nuit restent très faibles. La chaleur est accumulée le jour dans les murs (soleil, chauffage), et restituée la nuit. Par ailleurs, les murs, perméables à la vapeur d'eau, entretiennent une hygrométrie naturelle confortable. L'épaisseur et la densité des murs en pisé absorbent en grande partie les bruits aériens et d'impact.

Situation : dans les Monts du Forez, sur une butte plane adossée à la montagne, entourée de végétation. Exploitation maraîchère en contrebas.
Surface habitable : 120 m^2 + grenier.
Conception : en concertation avec le maître d'œuvre.
Caractéristiques bioclimatiques : minimum de terrassement pour s'adapter au site ; adaptation aux constructions traditionnelles locales ; la cuisine (pièce de vie), décalée afin de profiter de la lumière sud, possède des ouvertures aux quatre points cardinaux.
Principes constructifs et matériaux : soubassement de pierre avec mortier de chaux ; pisé apparent avec des arêtes adoucies ; charpente en sapin douglas prélevés dans la région en bonne lune ; bardage mélèze sur ossature sapin douglas là où il était impossible de mettre en œuvre le pisé ; toiture en tuiles canal de terre cuite ; menuiseries et parquets en mélèze ; isolation des combles avec du liège en vrac.
Chauffage : poêle de masse autoconstruit en briques.
Bilan chauffage : difficile à évaluer, car le bois prélevé sur place n'est pas mesuré précisément.
Gestion de l'eau : fosse septique.
Durée du chantierr : 8 mois.
Chantier : autoconstruction à 70 %, assistée pour une partie.
Coût total : 137 200 euros (900 000 F).
Coût au m^2 habitable : 1 100 euros (7 300 F).
Entreprises spécialisées : Charpente, M. Gibert ; tuiles, entreprise Perrin.

Plan du rez-de-chaussée

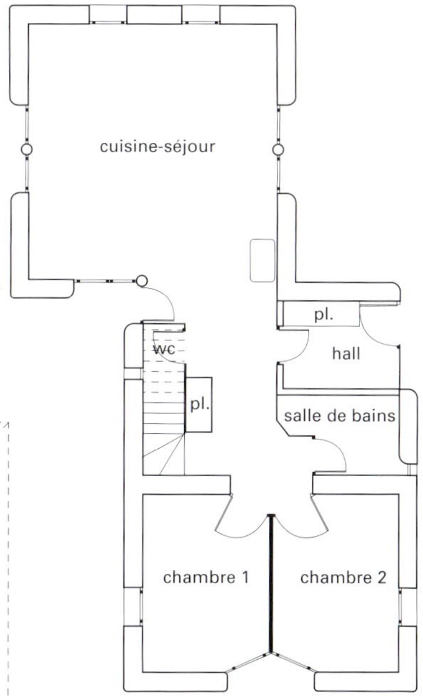

Plan de l'étage

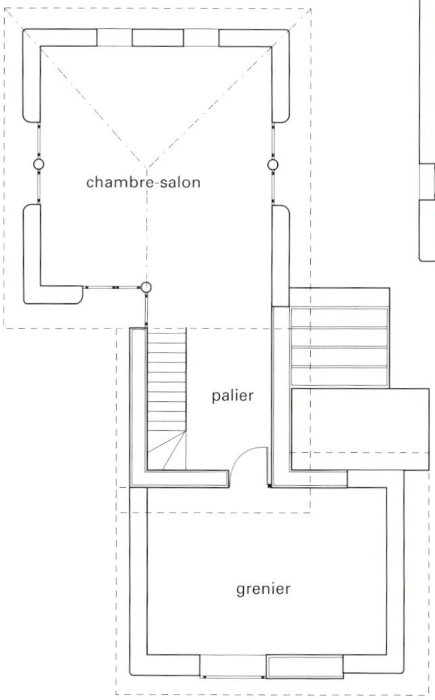

Jacqueline et Hubert Carducci.
Maître d'œuvre : Nicolas Meunier en collaboration avec Hubert Carducci.

Du bon usage du soleil dans une maison méridionale

Suisses d'origine et Gardois d'adoption, les propriétaires ont fait le choix de la simplicité. Mettre à profit le soleil du sud a guidé la conception de leur maison de bois. Un capteur solaire accompagné d'un ballon de stockage les alimente en eau chaude, tandis que de larges ouvertures au sud et à l'ouest, protégées par une avancée de toiture, assurent un climat intérieur agréable, hiver comme été.

Helena et Urs Hofer sont agriculteurs. Ils ont quitté la ferme suisse exploitée par le père d'Urs quand le propriétaire l'a mise en vente, à un prix trop élevé pour leur budget. Ils ont choisi la France parce qu'on y trouvait des exploitations nettement moins chères. « On a beaucoup cherché, pas nécessairement dans le Sud, raconte Helena. On voulait même s'installer en Normandie. » Il n'empêche que le soleil du Gard a grandement influencé la conception de leur maison !

Que d'eau !

Le lieu les séduit d'abord, même s'il n'y a qu'une toute petite maison d'habitation. « On pensait juste l'agrandir. Mais c'était très humide, mal isolé, on

Capteurs solaires sur le toit et débord de toiture gèrent au mieux le soleil du sud.

avait des problèmes de chauffage. » La nappe phréatique du Vistre est très proche de la surface. Cette présence de l'eau est favorable aux projets agricoles, car les Hofer peuvent installer un système d'irrigation sophistiqué. Mais le bâtiment d'origine présente de très importantes remontées d'humidité. « On avait besoin d'une habitation saine, pour bien vivre. » La décision est donc prise de réserver l'ancienne habitation à un usage professionnel, et de construire, à l'ombre protectrice des feuillus, une maison accolée et communicante.

La visite de constructions neuves « classiques » ne convainc pas Helena : « Il y avait toujours beaucoup d'humidité. » Helena se définit comme « une consommatrice responsable » et se lance dans l'aventure en prenant des renseignements. Elle consulte des ouvrages, en langue allemande pour plus de facilité, « mais les conditions climatiques n'étant pas les mêmes au Nord, on ne peut pas suivre les mêmes principes. » Le couple rencontre plusieurs architectes.

Le soleil roi

Finalement, ils font le choix du bois et de la simplicité, principalement pour des raisons de budget : « On s'est débrouillés pour que les plans entrent dans les dimensions standard de l'ossature bois, de façon à ce qu'il y ait le moins possible d'ajustement et d'adaptation. »

Le jeu consiste, comme toujours au Sud, à composer avec le soleil. Les façades sud et ouest sont percées de grandes ouvertures. Le carrelage en terre cuite non émaillée, de fabrication locale, accumule la chaleur. « Le séjour fait office de serre, dit Héléna. En hiver, sans chauffage, on y atteint déjà une température de 13 à 14 °C. » On y trouve tout de même un poêle à bois, le combustible étant prélevé sur le terrain.

La position centrale du poêle permet de chauffer facilement toutes les pièces.

La partie neuve est accolée à la partie plus ancienne pour former une petite cour à l'ombre des arbres.

Plan de l'habitation

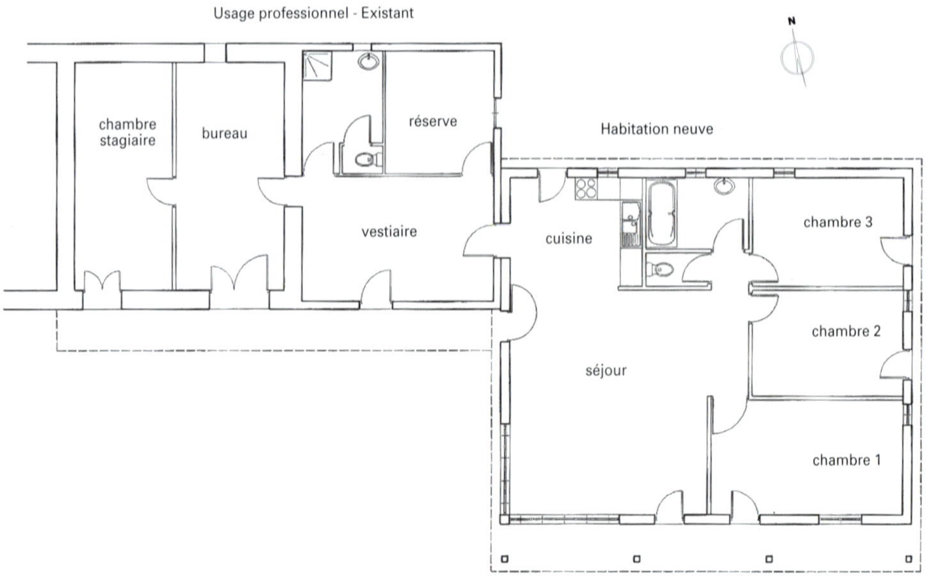

Helena et Urs Hofer.
Tél. 04 66 75 50 10.
Architecte : Xavier Belhomme.
Maître d'œuvre : Roland Studer, Les Charpentiers d'Uzès.

Pour ne pas souffrir de la chaleur en été, les fenêtres sont abritées par une « casquette » d'environ 1,25 mètre, qui s'avère très efficace. Et en l'absence de vide sanitaire, la fraîcheur du sol est conservée.

Pris par le temps

Les cloisons intérieures, habillées en Fermacell* sur les deux faces, remplies par 10 cm de laine de mouton, fournissent une bonne performance acoustique. Mais Helena craint que l'isolation sonore ne suffise pas à préserver l'intimité de chacun dans la famille. « Les chambres donnent directement sur le séjour. On pourrait facilement ajouter un couloir entre les deux. » Mais ce serait rogner sur l'espace du séjour et gêner la circulation de la chaleur, notamment celle du poêle à bois.

Les Hofer souhaitaient emménager avant l'hiver pour échapper à l'humidité de l'ancienne habitation. Mais les travaux ne furent pas achevés en temps voulus. « Si j'ai un regret, commente Helena, c'est ne pas avoir mieux détaillé les devis et mieux évalué les travaux de finition. Avec l'exploitation, nous n'avons pas de temps pour des travaux pareils. »

Lieu : Gard, en plaine.
Surface habitable : 92 m^2 + terrasse 12 m^2.
Conception : plan réalisé par un architecte en collaboration avec les artisans charpentiers.
Caractéristiques bioclimatiques : maison de plain-pied, larges ouvertures en façades sud et ouest qui permettent l'hiver d'accumuler la chaleur dans le sol, doubles vitrages 4-12-4 peu émissifs, toit en casquette qui protège des surchauffes de l'été.
Principes constructifs et matériaux : structure en ossature bois (sapin douglas du centre de la France); remplissage en béton de chanvre (nord et est) et en laine de mouton (sud et ouest) ; enduits extérieurs à la chaux et la pierre ponce, et bardage de Red cedar; cloisons intérieures en Fermacell* avec remplissage de laine de mouton ; toiture en tuiles canal, isolée en ouate de cellulose ; menuiseries en chêne lamellé-collé et en cèdre de pays (serre), volets en sapin ; carrelage en terre cuite non émaillée de fabrication locale ; dalle en béton de ponce.
Chauffage : solaire passif ; appoint avec un poêle à bois.
Eau chaude sanitaire : capteurs solaires et ballon de stockage + ballon électrique en appoint.
Gestion de l'eau : station d'épuration à filtres plantée de phragmites.
Bilan chauffage : 5 stères de bois par an.
Durée du chantier : 1 an environ.
Participation aux travaux : finitions (peintures, faïences).
Coût total : 117 400 euros (770 000 F).
Coût au m^2 habitable : 1 276 euros (8 370 F).

Le débord de toiture protège efficacement la façade du soleil en été.

À environnement idyllique, bâtisseur respectueux

Patrig Ar Goarnig habite la maison depuis 1965. « Un petit paradis », n'hésite-t-il pas à affirmer, dans une vallée isolée, avec quelque 4 000 hectares de forêts autour, le canal de Nantes à Brest à 20 mètres, et le bruit bienveillant de la chute d'eau de l'écluse... Patrig a privilégié les matériaux locaux, dont le chaume, pourtant passé de mode.

L'entourage des fenêtres est en granit provenant des environs.

Patrig Ar Goarnig est restaurateur, constructeur d'éco-habitat, sculpteur et formateur. « J'ai trouvé cette maison en 1965 dans un vallon perdu au milieu des bois, raconte-t-il. Elle était inhabitée depuis 25 ans, sans eau ni électricité. J'ai commencé à la restaurer en tant que locataire, sans rien transformer. J'avais déjà une sainte horreur du béton, ayant travaillé très jeune dans l'entreprise de bâtiment de mon père. Puis, quand j'ai pu acheter la maison en 1969, je me suis lancé dans des extensions et des transformations. »

La Bretagne n'est pas un musée

« Le respect du patrimoine ne doit pas empêcher les adaptations, notamment en créant davantage d'ouvertures, estime Patrig Ar Goarnig. La Bretagne n'est pas un musée. » Il souhaitait toutefois travailler avec des matériaux traditionnels, en respectant les règles qu'il avait observées dans de nombreux relevés effectués sur l'habitat ancien de la région. « Je tenais à utili-

Une extension, respectant le style existant, a permis d'agrandir la maison bretonne, très petite par tradition.

ser des matériaux disponibles sur place : schistes dont il y a une carrière à 100 mètres, pierres de granit des environs pour l'entourage des portes et fenêtres, les chaînes d'angle et les cheminées, bois de la forêt, roseaux de la roselière voisine pour le chaume du toit. »

Les travaux se sont échelonnés sur près de 19 ans

Le constructeur breton a tout fait lui-même, hormis les portes et fenêtres qu'il a achetées, et le toit en chaume des extensions, fait par des chaumiers. « Les travaux importants, transformations et agrandissements se sont échelonnés sur près de 19 ans. Je les ai financés au fur et à mesure de mes possibilités sans faire aucun emprunt. Il faut dire que je me suis toujours débrouillé pour trouver des matériaux peu coûteux : troncs que je faisais débiter chez mes parents pour la charpente, sanitaires à bas prix avec petit défaut, carreaux de terre cuite en fin de série, etc.

Depuis 1984, lorsque j'ai constitué mon entreprise, je n'ai plus la même disponibilité et je n'ai fait que des petits aménagements comme ouvrir des fenêtres. Mais j'ai une cave en projet. »

Un récupérateur de chaleur breveté

La maison est équipée d'un chauffage central avec une chaudière au fioul performante. Le chauffe-eau est également relié à un récupérateur de chaleur dans la cheminée. « C'est un modèle très robuste que j'ai conçu et fait breveter avec un chaudronnier, explique Patrig Ar Goarnig. J'en ai installé pas mal dans la région, dans les années 1970. Il fonctionne encore très bien, avec une sonde de température qui met en route un circulateur amenant l'eau chaude au chauffe-eau tout en évitant le déclenchement de la chaudière. »

Le souci de préserver l'environnement préside au traitement des eaux: « Les eaux grises* ne sont pas mélangées avec celles des toilettes. Les premières sont facilement épurées dans une sorte de lagunage. Les eaux-vannes* passent d'abord dans une fosse septique, à deux compartiments, ventilée, puis dans un filtre à pouzzolane*, et l'épuration se termine dans un fossé. »

« Mes clients ont des préjugés contre la terre crue. »

Si c'était à refaire, Patrig Ar Goarnig construirait une partie de la maison en terre crue, en bauge*, technique qui permet d'avoir des formes courbes – mais qui, a-t-il constaté, séduit peu: « J'ai beaucoup de mal à convaincre mes

UN TOIT EN CHAUME

« J'ai eu un litige avec la direction de l'équipement qui m'a refusé le permis de construire sous prétexte qu'il n'y avait plus de toits de chaume dans la région depuis longtemps. Je suis passé outre, ils m'ont finalement accordé le permis 10 ans après. J'ai commencé par un toit en paille de seigle, que j'ai cultivé et récolté à la main. Mais j'ai dû tout refaire 6 ans après, suite à une invasion de rongeurs. J'ai utilisé alors des bottes de roseaux (20 centimètres de diamètre pour 1,80 mètres de longueur). Elles sont disposées côte à côte et chaque rangée est maintenue par une barre métallique reliée aux lattes du toit par des fils de fer que l'on serre ensuite. L'étanchéité du faîtage est traditionnellement assurée par 4 couches de mottes de pelouse posées à l'envers, la terre étant maintenue par les racines. Lors de la réfection de la toiture par un chaumier, après un incendie, nous avons utilisé un « chapeau » de sable et de chaux hydraulique plus durable. Un toit de chaume dure entre 30 et 70 ans selon l'exposition du toit car les brins de roseaux pourrissent lentement depuis leur extrémité. Le coût est d'environ 70 euros le m², soit le double d'un toit d'ardoises bas de gamme. La véritable ardoise, taillée à la main et fixée au clou, est encore beaucoup plus chère, envitons 135 euros le m².
J'aime beaucoup les ondulations que fait le chaume avec les fenêtres du toit. C'est un peu un rêve d'enfant. Et cela fait 35 cm d'un très bon isolant.

Les ouvertures dans le toit sont rondes, parfaitement adaptées au matériau utilisé, le chaume.

clients de construire en terre crue, ils ont des préjugés. La brique monomur les rassure. »

Un conseil pour ceux qui ont un projet de construction ? « Bien définir ce qu'ils veulent, et vérifier les informations données par les "spécialistes" de l'éco-habitat qui fleurissent un peu partout. Ils proposent souvent des compromis douteux avec des matériaux qui n'ont rien d'écologique. »

Anticiper, aussi, pour éviter d'avoir eux aussi à « déplacer trois fois la salle de bains à mesure que la famille s'élargissait » !

Situation : vallon boisé en forte pente vers l'ouest ; maison orientée est-ouest sur sa plus grande longueur.
Surfaces : 220 m².
Choix constructifs : aménagements et agrandissements progressifs sur une petite ferme en ruine en utilisant au maximum des matériaux locaux, naturels ou de récupération.
Matériaux : maison de pierres (schiste de la Montagne noire) ourdées à la glaise dans le bâtiment le plus ancien : murs de 65 cm avec maçonneries intérieure et extérieure séparées par de la terre qui assure une bonne isolation. Bâtiment plus récent : maçonnerie pierre (30 cm), plaques de liège (5 cm), briques de 15 cm, enduits chanvre-chaux à l'intérieur (3 cm). Sols : béton d'argile expansé à la chaux (10 cm) sur hérisson de 10 cm. Toiture en chaume (voir encadré), poutres en chêne, planchers de bois, grès d'Armor.
Chauffage : cheminée avec récupérateur de chaleur pour chauffage et eau chaude sanitaire : 9 stères de bois par an issus de la taille des talus environnants. Chaudière fioul récente en complément (1 500 litres par an). Régulation avec sonde de température qui donne la priorité à la cheminée et ne met la chaudière en route qu'en cas de besoin.
Gestion de l'eau : fosse septique classique qui fonctionne bien. Toilettes sèches prévues. Source captée et filtrée avec sable et charbon de bois (20 mg/l de nitrates au lieu de 40 à 60 pour l'eau de ville).
Durée du chantier : étalé sur 19 ans et ce n'est pas fini.
Participation aux travaux : autoconstruction totale sauf toiture, plancher et charpente d'un bâtiment pris en charge par l'assurance après un incendie.
Coût total : environ 22 500 euros (147 590 F) de matériaux, pour une maison évaluée à environ 450 000 euros (2 951 806 F).

Plan du niveau -1

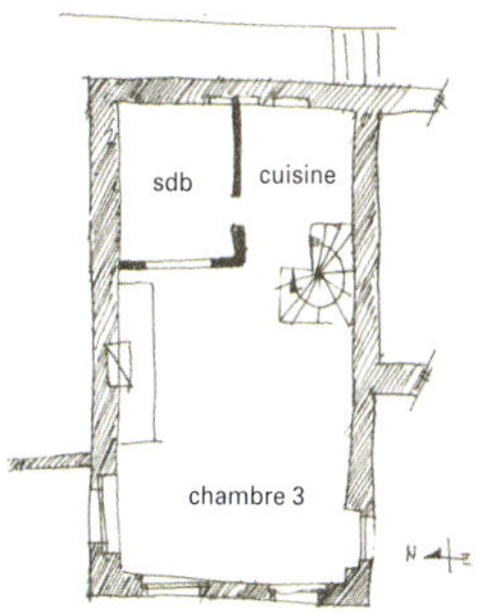

Plan du niveau 0

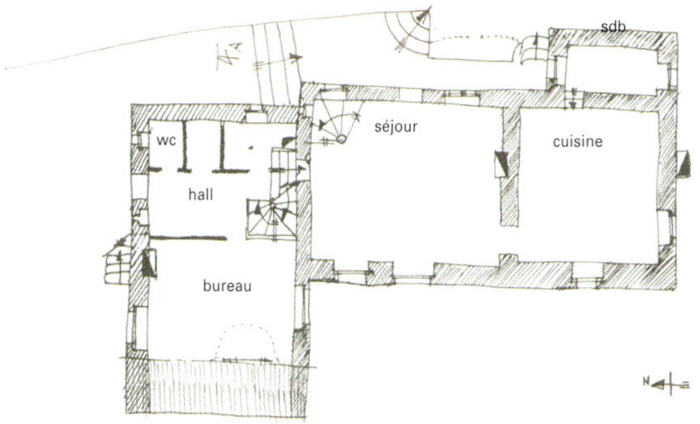

Plan du niveau 1

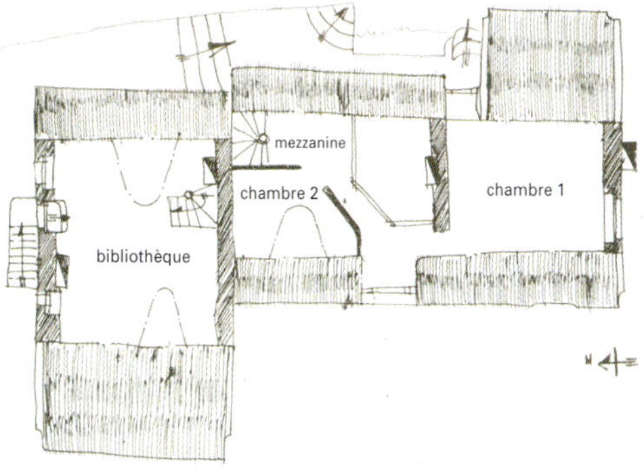

Patrig Ar Goarnig, Kergaoueneg, 29520 Saint-Goazec.

Matériaux naturels et environnement végétal

Gilbert Galey a profité d'une préretraite pour se faire maître d'œuvre et maître d'ouvrage d'une maison alliant tradition régionale, modernisme et écologie, dont il s'avoue « très fier ». Située en zone verte, autrement dit en pleine nature, elle n'est pourtant qu'à 20 minutes du centre de Bordeaux. Une haie conçue pour favoriser l'accueil des oiseaux entoure le vaste terrain, qui abrite un verger de fruitiers régionaux et un potager biologique.

Pour la conception architecturale, Gilbert Galey s'est inspiré des maisons dites « arcachonaises », en y intégrant les impératifs bioclimatiques et le souci d'utiliser des matériaux sains. Maître de son temps, il a pu suivre en permanence le chantier (un an et demi, finitions non comprises) et effectuer lui-même de nombreux travaux.

Les haies qui entourent la maison favorisent la venue des oiseaux et des papillons.

Les dimensions des ouvertures ont été calculées en fonction d'un nombre clef utilisé autrefois par les bâtisseurs de cathédrales.

Harmonie des volumes

Le plan a été optimisé par François Bénezet, distributeur en matériaux bio et géobiologue*. C'est lui qui a apporté l'idée de dimensions toutes multiples du chiffre clef de 0,472 mètre. Ce nombre, jadis utilisé par les bâtisseurs de cathédrales. Ici, il se trouve en mesurant l'ombre portée d'un bâton de 1 mètre planté dans le sol, le 21 juin (solstice d'été) à midi. Il varie donc selon les régions. Le prendre en considération permet de jouer avec le soleil, invité à pénétrer dans la maison l'hiver, mais prié de rester dehors l'été.
« Pourquoi ne pas en tenir compte ? Ne serait-ce que pour la beauté du geste, commente Gilbert Galey. Mais ce n'est pas neutre. Outre les avantages bioclimatiques, il y a une harmonie des volumes très particulière, que les gens remarquent. » Longueurs, largeurs et hauteurs des pièces, des ouvertures, des débordements de toiture respectent donc toutes les mêmes proportions. Unique inconvénient : il a fallu commander des menuiseries sur mesure.

Échec aux mauvaises vibrations

Avant de déterminer l'emplacement de la construction, les courants d'eau souterrains ont été recherchés : aucun ne passe sous la maison.
Pour éviter l'amplification d'ondes éléctromagnétiques, susceptibles de devenir gênantes, l'ensemble des ferraillages des fondations, chapes et chaînages a été mis à la terre, c'est-à-dire soudés entre eux et reliés à un poteau de terre. « Ce système est imposé dans les laboratoires qui contiennent des ins-

L'avancée du toit et sa forme sont inspirée des maisons traditionnelles de la région.
Simplicité et harmonie traduisent les envies du maître d'œuvre de la maison.

L'INSTALLATION ÉLECTRIQUE

Les lignes électriques et les équipements utilisant le courant alternatif sont à l'origine de champs électriques et magnétiques. Le champ électrique reste constant, même sans consommation. Il peut être fortement atténué par les matériaux de construction. Le champ magnétique, lui, dépend de la quantité de courant utilisé sur la ligne. Les matériaux n'ont aucune incidence sur lui.
Les effets sur la santé de l'exposition à ces champs, longtemps controversés, ont été reconnus par l'OMS (Organisation mondiale de la santé) qui classe depuis le 3/10/2001 les champs magnétiques 50-60 htz dans le groupe des cancérogènes possibles et recommande de réduire l'utilisation de certains appareils et d'augmenter la distance avec les sources de ces champs.
En construction écologique, ces principes de précaution sont depuis longtemps appliqués dans la conception des installations domestiques.
Le principe de base est, sinon d'annuler les champs induits, du moins d'en minimiser la portée, et d'en éviter la présence dans les « volumes de protection spécifiques » que sont d'abord les zones de sommeil et de repos, et si possible celles de repas et de travail.
Dans la plupart des cas, une installation bien pensée suffit à éviter les nuisances les plus importantes : le cablage se fait en épi et non en étoile, en évitant de traverser les pièces. Des dispositifs simples (interrupteurs à tirette) permettent de respecter ces critères, pour les lampes de chevet par exemple.
Dans certains cas, des appareillages plus onéreux peuvent être envisagés : fils blindés, « interrupteurs automatiques de champs ».
Dans tous les cas, une prise de terre biotique, en un point extérieur éloigné de la maison, est indispensable.

truments électroniques sensibles, notre cerveau est au moins aussi sensible, explique Gilbert Galey. Les ondes électromagnétiques s'évacuent dans la terre. C'est une précaution, facile à prendre. »

Une maison qui respire

Les murs en briques monomur emmagasinent la chaleur solaire pour la restituer pendant les périodes froides de la journée. Pour le chauffage par le sol, l'apport des capteurs solaires est complété par une chaudière au gaz de ville basse température. « Les capteurs solaires sont installés sur le toit de l'abri de

la piscine. L'hiver, cela chauffe la maison, et l'été, la piscine. Les panneaux permettent d'économiser environ 50 % de la consommation de gaz pour le chauffage et l'eau chaude sanitaire.»
À l'intérieur, les murs ont été enduits au plâtre traditionnel. «Par opposition aux plaques, que la plupart des gens utilisent de nos jours, précise Gilbert Galey. C'est un travail plus long, et surtout très salissant. Mais ce plâtre est composé uniquement de gypse, alors que dans les plaques, on le mélange avec des produits recyclés de l'industrie, sans qu'on sache exactement lesquels. De plus, elles sont recouvertes d'un papier appliqué avec des colles pas fameuses. Le plâtre traditionnel est plus sain, et aussi plus perméable et il est moins cher que les plaques posées.» À l'extérieur, les murs sont enduits d'une chaux hydraulique qui laisse respirer la maison.

Bonne ambiance sonore

Pour recouvrir le plancher à l'étage, Gilbert Galey prévoit du phaltex*, déjà utiliser dans les doubles cloisons en briques plâtrières. Absorbant bien les sons, il assure une excellente isolation phonique sans utilisation de produits toxiques. Il sera recouvert d'une moquette en jonc de mer. «C'est une sorte de roseau qui pousse en Asie, décortiqué en lanières et tressé. Evidemment, cela résiste à l'eau ; il est même recommandé de l'humidifier de temps en temps. Cela ne nécessite aucun traitement, n'abrite pas d'acariens, et a le mérite supplémentaire d'être bon marché. La texture ressemble à celle du coco, en moins rêche.»

Oiseaux bienvenus

La clôture du terrain, en grillage ordinaire, est noyée dans une haie libre pour favoriser l'accueil des oiseaux, papillons, butineurs et petits mammifères. «Des particuliers peuvent bénéficier d'une subvention pour en planter une, s'ils sont en zone rurale comme moi. Cela m'est revenu à environ 1,50 euros le plant. Je suis passé par une association qui m'a suggéré des espèces, donné des conseils techniques et assuré le suivi de la plantation. Ce type d'associations existent dans beaucoup de régions.»
Gilbert Galey affirme qu'il est «facile de cohabiter avec les oiseaux même quand on a un verger et un potager». Pas si voraces qu'on le prétend, ils le laissent profiter des fruits de son verger, planté exclusivement d'espèces locales provenant du conservatoire aquitain des arbres fruitiers.

Plan du rez-de-chaussée

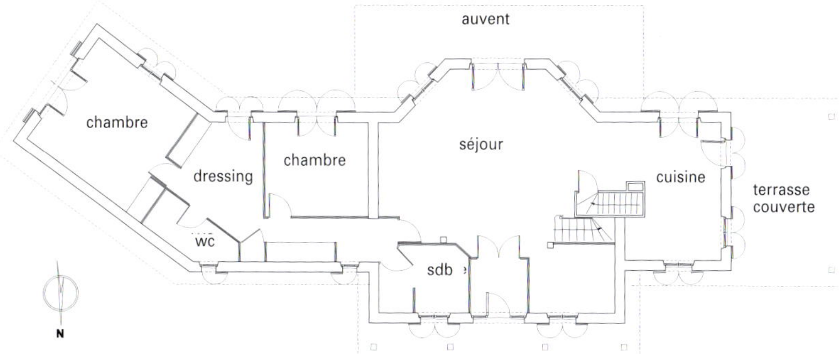

Lieu : banlieue de Bordeaux sur un terrain plat et sableux.
Surface habitable : 205 m² + cave 20 m² + terrasses 42 m² + abri piscine 15 m².
Conception : autoconception, optimisée par un géobiologue*.
Caractéristiques bioclimatiques : exposition plein sud ; larges débordements de toiture laissant pénétrer le soleil en hiver et protégeant du soleil l'été ; peu d'ouvertures au nord ; forte inertie thermique des murs.
Principes constructifs et matériaux : murs en briques de terre cuite monomur de 37,5 cm d'épaisseur ; cloisons intérieures doubles en briques platrières de 5 et 7 cm d'épaisseur séparées par un vide de 2 cm et un phaltex* de 1 cm. Murs extérieurs enduits à la chaux hydrraulique ; murs intérieurs enduits avec plâtre traditionnel et décorés avec badigeons et glacis à la chaux. Charpente en douglas brut de sciage traité au sels de bore*, volige en mélèze, menuiseries extérieures en châtaignier, double vitrage 4-12-6, menuiseries intérieures en hêtre. Isolation sous toiture avec chanvre en vrac ou en rouleaux.
Chauffage : plancher solaire direct au rez-de-chaussée et radiateurs à l'étage (16 m² de capteurs thermiques) ; appoint au gaz de ville avec une chaudière basse température ; cheminée à foyer ouvert avec récupérateur pour complément.
Eau chaude sanitaire : par panneaux solaires et gaz de ville en complément.
Gestion de l'eau : récupération de l'eau de pluie prévue pour jardin et WC.
Durée du chantier : de novembre 1998 à juillet 1999, hors finitions.
Participation aux travaux : professionnels pour dessins techniques, plans, implantation de la construction, maçonnerie, charpente, couverture et zinguerie, cloisons et plâtres. Le reste en autoconstruction.
Coût total : 180 000 euros (1 181 000 F).
Coût au m² habitable : 818 euros (5 366 F).
Entreprises spécialisées en éco-construction : Société Arboga.

**Gilbert Galey et Christine Guillard,
5, rue de Mandavit, 33170 Gradignan.
Tél. 05 57 35 88 99.**

Glossaire

Adobe
Technique de construction traditionnelle des murs à base de blocs de terre crue façonnés à la main ou moulés, puis séchés. La terre est généralement armée de fibres végétales.

Banche
Voir chanvre banché*

Bauge
Technique de construction traditionnelle des murs en terre crue pâteuse armée de paille, pétrie, puis empilée manuellement sans l'aide de coffrages.

Béton cyclopéen
Technique de construction traditionnelle des semelles de fondation par enchassement de pierres dans des lits de béton de chaux successifs, dans lesquels les pierres ne se touchent pas.

Bidim
Nom de marque pour un film géotextile non tissé en polypropylène à forte porosité utilisé pour séparer des sols de granulométrie et de comportement différents, notamment dans la confection des drains ou des tranchées filtrantes d'assainissement.

Bioclimatique
Qualité d'une conception architecturale qui tire parti au maximum des agents du climat extérieur (soleil, vent, pluie, etc) pour optimiser le climat intérieur (production de chaleur, de fraîcheur, hygrométrie, etc) La conception bioclimatique est dite passive* car elle utilise les espaces et les structures même du gros œuvre du bâtiment, par différence avec les systèmes « actifs », comme les capteurs solaires, qui sont des appareillages additifs.

Bioénergie
Terme générique englobant les formes d'énergies subtiles prises en compte par la géobiologie*, le fengshui*, les tracés régulateurs*, etc.

Bois cordé
Technique traditionnelle pour bâtir les murs à partir de petites bûches de bois empilées perpendiculairement aux parements et liées avec un mortier de terre ou de chaux (voir note page 67).

Brique monomur (ou monomur de terre cuite)
Système constructif moderne en maçonnerie de blocs préfabriqués de terre cuite à alvéoles verticales assurant à la fois les fonctions porteuses et isolantes (voir note page 103).

Brasse terrestre de latitude
Unité de mesure traditionnelle fondée sur le rapport angulaire de la lumière solaire avec un point donné de l'écorce terrestre, en fonction de sa latitude (voir également « coudée solaire du lieu » et note page 44).

Cage de Faraday
Forme de cage métallique conductrice du courant électrique. Ce phénomène peut être créé par les armatures métalliques du béton armé et peut être éliminé grâce à une prise de terre aux normes biologiques. Il peut également être utilisé en tant que protection (paratonnerre, protection des lignes à haute tension...).

Chanvre banché
Technique moderne de mise en œuvre de la chènevotte* de chanvre par enrobage d'un liant à base de chaux et coulage sur place entre des coffrages (les banches). Une ossature bois est necessaire pour assurer la fonction porteuse (voir note page 33).

Chènevotte
Fibres ligno-cellulosiques constituées par la partie centrale des tiges de chanvre, séparées des fibres longues de la partie externe (filasse). Les fibres sont broyées mécaniquement pour faire un granulat, utilisé en vrac ou dans la composition du « béton de chanvre ».

Clins
Élements de bardage extérieurs en bois sous forme de planches feuillurées ou non, qui constituent la « peau » extérieure des constructions à ossature bois. Le terme de « bardeau » désigne plutôt les éléments de bardage en forme d'écailles.

COV (Composés organiques volatils)
Nom générique donné à un ensemble de composés toxiques tels que les hydrocarbures (xylène, toluène, benzène), le formaldéhyde, etc issus des solvants, des colles, et des additifs contenus dans de nombreux produits du bâtiment conventionnel.

Écobiologie (ou construction écobiologique)
Nom donné à l'écoconstruction* par certains praticiens, principalement en Suisse romande.

Écoconstruction
Ensemble des pratiques constructives prenant en compte les principes de l'écologie relatifs aux équilibres planétaires, à la santé des habitants et des intervenants et à un mode de réalisation équitable sur les plans économiques et humains.

Énergie cosmique
Terme assez vague englobant l'ensemble des influences issues du cosmos traversant la ionosphère. Selon les références et les croyances de chacun, cela va de l'attraction lunaire et des rayonnements solaires aux « influences » planétaires décrites par l'astrologie.

Énergie fossile
Source d'énergie créée à l'échelle des temps géologiques et puisée par l'homme dans l'écorce terrestre. Cette énergie est non renouvelable* à l'échelle humaine.

Énergie renouvelable
Source d'énergie renouvelable à l'échelle humaine. Le rythme de renouvellement est variable selon les énergies: de quelques siècles pour certains bois, une année pour les plantes annuelles, à l'instantanéité pour le soleil ou le vent.

Énergie grise
Somme d'énergie (mesurée en kWh) nécessitée, pour une quantité donnée d'un matériau, aux différents stades de son élaboration: extraction, transports, transformation, conditionnement, mise en œuvre.

Énergie tellurique
(Du latin *tellus*, terre.) Ensemble des influences provenant du globe terrestre et perceptibles à sa surface tels que le champ magnétique terrestre, les différences de potentiel dues aux discontinuités de l'écorce terrestre, étudiées par la géobiologie (voir note page 102).

Eaux grises
Ensemble des eaux provenant des opérations

de lavage (salle de bains, cuisine, buanderie, etc) évacuées de l'habitat.

Eaux vannes
Ensemble des eaux contenant les urines et les matières fécales évacuées de l'habitat.

Fengshui
Pratique traditionnelle chinoise d'interprétation des lignes de force de l'environnement et d'harmonisation des constructions avec celui-ci. Le fengshui se base sur la circulation de l'énergie vitale, le « Chi », entre l'habitat et son site, et dans l'habitat lui-même. Les diverses écoles, parfois divergentes, donnent soit des méthodes, soit des ensembles de recettes souvent issues du bon sens.

Fermacell
Nom de marque d'un panneau de parement intérieur composé de gypse pur (matière première du plâtre) et de laine de cellulose*. Ces panneaux sont souvent utilisés en construction écologique à la place des plaques de plâtre cartonnées pour leur meilleure résistance mécanique et leur composition chimique sans ambiguités.

Filtre à pouzzolane
Filtre bactérien percolateur servant à épurer les eaux en sortie de fosse septique avant de les rejeter directement dans le milieu naturel quand il n'est pas possible de réaliser des tranchées filtrantes. La pouzzolane, roche volcanique poreuse, sert à fixer les bactéries aérobies qui neutralisent les matières polluantes organiques.

Filtres à roseaux
Les filtres plantés de roseaux sont des organes biologiques d'épuration des eaux usées utilisés dans les stations de lagunage à macrophytes*.

Géobiologie
Pratique de détection des énergies telluriques* et d'adaptation des bâtiments à celles-ci (voir note page 102).

HQE (Haute qualité environnementale)
L'association HQE, regroupant des institutions politiques, des organismes officiels, des fédérations de fabricants et de professionnels du bâtiment, fait la promotion de la qualité environnementale des bâtiments en direction des maîtres d'ouvrages publics, à partir d'une grille d'évaluation de 14 cibles, regroupées en 4 groupes d'objectifs : l'écoconstruction, l'écogestion, la santé, le confort.

Huile dure
Terme impropre traduit de l'allemand *Hartöl* pour « huile durcissante ». Produit d'imprégnation à base d'huile de lin chauffée, de résines végétales et de solvant sans hydrocarbures aromatiques couramment utilisé en construction écologique pour renforcer et protéger les surfaces poreuses soumises à l'abrasion, particulièrement parquets et sols en terre cuite.

Hypocauste
Mode de distribution de la chaleur par circuit d'air et inertie* (voir note page 115).

Inertie thermique
Propriété de certains matériaux bon conducteurs de calories à stocker celles-ci et à les restituer le plus lentement possible. L'inertie est proportionnelle à la masse. L'inertie est comme l'isolation, un des outils de l'architecture bioclimatique*.

Lagunage à macrophytes, lagunage phytoépuré
Système d'épuration des eaux usées basé sur la décantation (lagunage), amélioré par l'action des bactéries associées aux racines des plantes (macrophytes).

Laine de cellulose
La cellulose est une macromolécule de la famille des glucides contenue dans les cellules végétales. La laine de cellulose désigne dans le bâtiment le produit du recyclage de papier journal servant à l'isolation ou à l'armature de panneaux (voir Fermacell*). La laine de cellulose se présente sous forme de flocons laineux utilisables en vrac, projettés, déversés ou insufflés, ou sous forme de panneaux texturés.

Microstation d'épuration
Système d'épuration des eaux usées pouvant utiliser divers systèmes, uniques ou combinés (filtres à pouzzolane*, lagunage à macrophytes*, etc) plus particulièrement adaptés aux petits collectifs ou aux groupements d'habitations.

Modulor
Concept basé sur le Nombre d'or* et sur les proportions du corps humain popularisé par Le Corbusier (voir note page 99).

Mortier roulé (ou maçonnerie roulée)
Technique récente de montage des monomurs de terre cuite pour réduire l'épaisseur des joints et donc les ponts thermiques*. Les blocs sont préalablement surfacés en usine pour constituer un lit de pose parfaitement plan. Sur le chantier, un mortier-colle d'environ 1 mm d'épaisseur est appliqué au rouleau et suffit à assurer le joint horizontal.

Nombre d'or
Rapport entre 2 longueurs (égal à 1,618, tel que le rapport entre la plus grande et la plus petite soit égal au rapport entre la somme des deux et la plus grande). La tradition pythagoricienne, qui le nomme souvent « section dorée » ou « divine proportion », le reconnaît dans les agencements naturels (croissance des plantes, coquillages, corps humain...) et en fait une des bases des tracés régulateurs*. Les résultats particulièrement satisfaisants du point de vue esthétique de ces tracés ont inspiré beaucoup d'artistes, de Léonard de Vinci à Le Corbusier (voir Modulor* et note page 99). Le terme « nombre d'or » est parfois utilisé improprement pour désigner d'autres proportions.

Passif (habitat)
Voir « bioclimatique »*.

Phaltex
Nom de marque pour un panneau composé de laine de bois agglomérée sans colle avec 8 % environ de bitume dans sa masse afin de le rendre hydrofuge. Ce type de panneaux décliné sous plusieurs présentations spécialisées, est souvent utilisé en construction écologique pour ses qualités techniques, sa perméabilité à la vapeur d'eau, son bon bilan en énergie grise* et son absence de toxicité. Autres marques : Gutex, Pavatex, Unalit, Celit...

Pitchpin
Nom générique donné au bois de plusieurs espèces de pins d'Amérique du Nord, de couleur brun-rouge.

Poêle à inertie
Système de poêle à bois, comme le *Kachelofen* germanique, pouvant stocker dans ses parois une grande quantité de calories et les restituer lentement.

Poêle-bouilleur
Poêle à bois comportant un circuit d'eau alimentant, en principal ou en appoint à une autre énergie, un système de chauffage central.

Pollution électromagnétique
Ensemble des pollutions électriques et/ou magnétiques générées par le transport et la transformation de l'énergie électrique, des

transformateurs, lignes à haute tension, aux installations et appareillages domestiques (voir note page 138).

Pollution électrostatique
Les charges électriques statiques sont essentiellement induites par certains matériaux de revêtements synthétiques. Ces charges sont à l'origine de phénomènes parasites pouvant perturber le fonctionnement d'appareils sensibles comme l'informatique. Elles attirent également les poussières en suspension dans l'air, et augmentent la contamination bactérienne par attraction des micro-organismes.

Polycarbonates
Matières plastiques transparentes sous forme de plaques massives ou alvéolaires pouvant remplacer le verre avec des possibilités d'isolation transparente très supérieure.

Pont thermique
Point faible d'une isolation par où s'échappent les calories: par exemple dans une isolation par l'intérieur, la liaison entre les murs et les planchers.

PSD (Plancher solaire direct)
Système de chauffage à basse température par le sol. Des capteurs solaires thermiques réchauffent l'eau qui circule à l'intérieur de l'habitat dans des serpentins recouverts d'une dalle lourde assurant l'inertie*. Cette dalle diffuse la chaleur par rayonnement.

Réseau Hartmann
Réseau électromagnétique maillant l'écorce terrestre mis en évidence par le docteur Hartmann en Allemagne dans les années 30 (Voir note page 102).

SEL (Systèmes d'échanges locaux)
Associations locales de citoyens ayant pour objectif l'échange de biens et de services entre membres sans médiation de la monnaie officielle.

Sels de bore (ou borax)
Borate hydraté de sodium, sous forme de sels blanchâtres solubles dans l'eau, couramment utilisés en construction écologique comme agent antifongique, insectifuge et ignifuge.

Thermosyphon
Circulation naturelle de l'eau ou de l'air dans les appareils de chauffage par élévation des fluides les plus chauds et descente des plus froids.

Tracé régulateur
Voir note page 44.

Triply
Nom de marque pour un panneau de structure et/ou de parement à base de lamelles de bois agglomérées. Le nom générique est OSB *(Oriented Strand Board)*. Les panneaux d'OSB sont utilisés en construction écologique, particulièrement dans la construction à ossature bois, pour leurs qualités mécaniques et leur résistance à l'humidité. Autres fabricants: Kronospan, Spano...

Index des points techniques

Adresses

ARCHITECTES ET MAÎTRES D'ŒUVRE

Association Arcanne, écoconstruction. Tél./fax 03 84 37 88 37. arcanne.ass@wanadoo.fr

Atelier de l'Entre (Yves Perret), 8, rue Honoré d'Urfé, 42000 Saint-Etienne. Tél. 04 77 37 28 12 - atelier@l-entre-architectes.com

Barrier Jean-Yves, 20, rue Albert-Thomas, 37000 Tours. Tél. 02 47 64 89 74. Fax 02 47 64 17 28. jyb.architecte@wanadoo.fr

Belhomme Xavier, 7, rue du Faubourg Figuerolles, 34070 Montpellier. Tél. 04 67 58 04 54.

Bio-espace, 1, impasse de la Hardt, 67700 Saverne. Tél. 03 88 02 04 04. Fax 03 88 02 05 05.

Boissel Eric, Les Manins, 05200 Saint-Sauveur. Email : eric.boissel@free.fr

Boschetti Bruno, 17, rond-point André-Malraux, 92100 Boulogne-Billancourt Tél. 01 47 12 97 79.

Boulangeot Bernard, Fraytet, 47150 Montagnac-sur-Lède. Tél. 05 53 36 52 66 - Fax 05 53 36 55 37 bernard.boulangeot@wanadoo.fr

Coop de construction (contact : Thierry Wagner), 9, bd de la Tour d'Auvergne, CS 34326, 35043 Rennes cedex. Tél. 02 99 35 01 35.coop@coop-de-construction.fr

Domespace, Marsilli Patrick, 29, rue Laënnec, 29390 Scaer. Tél. 02 98 57 60 60. Visites possibles tous les jours sur rendez-vous. marsilli@domespace.com – www.domespace.com

Gasnier Gérard, 40, rue Honoré de Balzac, 38000 Grenoble. Tél. 04 76 40 13 38. Fax 04 76 40 13 39. g.gasnier@freesbee.fr

Ginouvès Pierre, Aaland, La Crouzille, 87240 Saint-Sylvestre. Tél. 05 55 71 33 10. Fax 05 55 71 34 92.

Habi Ter, Atelier d'architectures écologiques. Jean-Pierre Oliva et Alexandre Hamm, 26510 Sahune. Tél./fax 04 75 27 45 53. jpoliva@club-internet.fr

Klein Alain, Inventerre, 7, rue de Fustillan, 31370 Poucharramet. Tél. 05 62 23 70 04.

Mégard Christophe, 44, place Saint-Vincent-de-Paul, 01400 Châtillon sous-Chalaronne. Tél. 04 74 55 10 23, fax 04 74 55 32 29.

Meunier Nicolas, 6, rue de l'église, 42170 Chambles. Tél. 04 77 52 11 80. fax 04 77 52 11 82. nicolas-meunier@wanadoo.fr

Post Christian, atelier de bioconstruction et de géobiologie, 58, avenue de Genève, 74000 Annecy. Tél. 04 50 67 74 39. Fax 04 50 67 74 28. www.habitatsain74.com contact@habitatsain74.com

Rosset Jacques, ecoDomus, 43, rue Saint-Joseph, CH-1227 Carouge-Genève. Tél. 022 343 21 33. Fax 022 343 36 26. ecodomus.ch

Salerno Claude, 44, rue Malifaud, 38000 Grenoble. Tél. 04 76 87 43 18.

Sauvage Patrick, 561, allées de Craponne, 13300 Salon-de-Provence. Tél. 04 90 42 11 61

Société Arboga, 33750 Camarsac. Tél. 05 56 30 15 98.

Studer Roland, Les Charpentiers d'Uzès, Plan d'Albi, 30700 Aigaliers. Tél. 04 66 03 08 71.

Thomas Jean-Luc, 384 La Place, 68910 Labaroche. Tél. 03 89 49 89 09.

BOIS CORDÉ, PAILLE

Association Spirale (Alain Richard), le Bio Lopin, 39570 Saint-Maur (stage d'autoconstruction, mur en bois cordé et murs de paille). Tél. 03 84 44 23 92.

BUREAUX D'ÉTUDES

Oasiis, 672, avenue Fleuride, 13400 Aubagne. Tél. 04 42 18 61 86.

BSO, 15 rue des clôtures, 22000 Saint-Brieuc. Tél. 02 96 75 44 66.

CHANVRE

Duport Olivier, 38350 Oris-en-Rattier (construction de maisons chanvre et ossature bois). Tél. 04 76 81 27 45.

CHAUFFAGE SOLAIRE

Clipsol, ZI, 73100 Trévignan (stage sur énergie solaire). Tél. 04 79 34 35 36.

Eau chaude sanitaire : Ets ETS (Eau tiède sanitaire), Le forum de Pré Millet, 38330 Montbonnot, tél. 04 76 52 05 03.

E3F, 4, avenue de l'Europe, BP34, 86130 Saint-Georges-les -Baillargeaux (plancher chauffant). e3f@cyberscope.fr

Solaire Connexion, Chanareilles, 07270 Ampurany, tél. 04 75 06 34 96, fax 04 75 06 90 43.

Yvon Tilloy, EnergiFrance, Les Brocs, 26220 Teyssières, tél. 04 75 46 86 43, fax 04 75 46 99 60.

Concept énergie, Robert Célaire, 1, rue Mirabeau, 13410 Lambesc.

DESSIN D'ARCHITECTURE

Dourneau Yves, 84110 Vaison-la-Romaine.

ÉLECTRICITÉ

Electric Cady, 39, allée des Violettes, Chantemerle, 73000 Chambéry.

MAÇONNERIE

Tradi création, Jacques Moulin, 29, rue Bouvet, 26100 Romans, tél. 04 75 02 04 79.

MATÉRIAUX ET CONSTRUCTION EN TERRE

Akterre, Le Gît, 38210 Saint-Quentin-sur-Isère. Tél. 04 76 07 42 05

Inventerre, 7, rue de Fustillan, 31370 Poucharramet. Tél. 05 62 23 70 04.

OSSATURE BOIS, CHARPENTE

Aaland, Pierre Ginouvès, La Crouzille, 87240 Saint-Sylvestre. Tél. 05 55 71 33 10. Aaland ne réalise que le gros œuvre bois : murs, charpente et solivage, pour un coût qui se situe entre 425 et 460 e le m2. Le reste est confié à des artisans locaux.

Ambiance bois, route d'Eymoutiers, 23340 Faux-la-Montagne. Tél. 05 55 67 94 06. Fax 05 55 67 97 02.

Construire en mélèze - Eric Boissel, Les Manins, 05200 Saint-Sauveur. 04 92 43 09 27.

Gibert Claude, 42380 Périgneux. Tél. 04 77 30 72 78.

Lelonge Fabrice, La Bonté, 26110 Condorcet. Tél. 04 75 27 70 85. Fax 04 75 27 74 71

Viennot François, 43100 Lubillac. Tél. 04 71 76 81 90.

TUILES

Briquetteries et tuileries Perrin, 43700 Brives-Charensac. Tél. 04 71 09 16 36.

Bibliographie

AUX ÉDITIONS TERRE VIVANTE

L'Isolation écologique, Jean-Pierre Oliva, Terre vivante, Mens, 2001.
La Maison des [néga]watts, le guide malin de l'énergie chez soi, Thierry Salomon, Terre vivante, Mens, 1999.
L'Habitat écologique, quels matériaux choisir, Frederich Kur, Terre vivante, Mens, 1999.
Poêles, inserts et autres chauffages au bois, Claude Aubert et l'Ageden, Terre vivante, Mens, 1999.

CHEZ D'AUTRES ÉDITUERS

Chauffage de l'habitat et énergie solaire, Thierry Cabiriol, Daniel Roux, 2 tomes, Édisud, Aix-en-Provence, 1984.
Construire en bois, Julius Natterer, Thomas Herzog, Michaël Voltz, Presses polytechniques et universitaires romandes, Lausanne, Suisse, 1994.
Éco-logis, la maison à vivre, Thomas Schmitz-Günther, Könemann, Paris, 1999.
L'Architecture écologique, Dominique Gauzin-Müller, Le Moniteur, Paris, 2001.
La Chaux naturelle : décorer, restaurer et construire, Julien Fouin, éd. du Rouergue, Rodez, 2001.
La France toxique : santé, environnement, les risques cachés, André Aschiéri, La Découverte, Paris, 1999.
Le Guide de l'habitat sain, Docteurs Suzanne et Pierre Deoux, Médiéco, Andorre, 2002.
Le Manuel du Feng Shui, Maître Lam Kam Shuen, Le Courrier du Livre, Paris, 1996.
Le Rayonnement de la terre et son influence sur la vie, Robert Endrös, éd. Du Signal, Lausanne, Suisse, 1987.
Maisons bio, Julien Fouin, Flammarion, Paris, 2000.
Médecins des murs, Rémi Florian, éd. Bio-Espace, Saverne, 1996 (à commander en librairie).
Plâtre, murs, formes et volumes, Jean-Claude Bidaux, Eyrolles, Paris, 2002.
Qualité environnementale des bâtiments, éd. Ademe, Paris, 2002.
Traité de géobiologie, B. Babonneau, B. Laflèche, R. Martin, éd. de l'Aire, Lausanne, Suisse, 1993.
Techniques et pratiques de le chaux, École d'Avignon, Eyrolles, Paris, 1995.
Traité de construction en terre, (L'encyclopédie de la construction en terre, vol.1), CRATerre, H. Houben, H. Guillaud, Parenthèses, Ville, 1989.
Une maison saine et naturelle, Dan Phillips, Dessain et Tolra, Paris, 2001.
Végétalisation des toitures, Brigitte Kleinod, Ulmer, Paris, 2001.
Vivre au naturel, la maison écologique, David Pearson, Flammarion, Paris, 1992.
Notre habitat écologique, détails pratiques d'une expérience réussie, Annie Bertrand, éditions du Dauphin, Paris, 2002.

REVUES

La Maison écologique, BP 60, 14504 Vire Cedex. Tél. - Fax 02 31 66 96 49. Revue bimestrielle d'information sur l'habitat écologique.
Les Quatre Saisons du jardinage, Domaine de Raud, 38710 Mens. Tél. 04 76 34 80 80 - Fax 04 76 37 84 02. Revue de jardinage et d'écologie pratique consacrant dans chaque numéro des articles à l'habitat. Publiée par Terre vivante.
Systèmes solaires, 144, rue de l'Université, 75007 Paris. Tél. 01 44 18 00 80 - Fax 01 44 18 00 36. Revue consacrée aux énergies renouvelables, et en particulier à l'énergie solaire appliquée à l'habitat.
Guide de l'architecture bioclimatique, Comité d'action pour le solaire, hors-série de la revue *Systèmes Solaires,* 1996.
Les Cahiers de Cantercel, Habiter autrement, Édisud, Aix-en-Provence, 2001.
Les Cahiers de Cantercel, Enveloppes et murs, Édisud, Aix-en-Provence, 2002.